内容为王

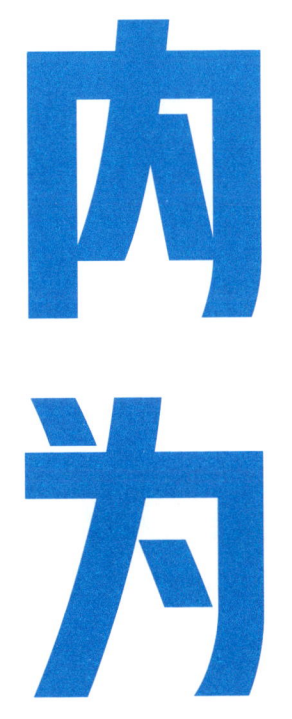

B2B品牌传播的关键要素

[英]
（Gay Flashman）
盖伊·弗拉什曼
著

赵倩
译

中国科学技术出版社
·北京·

Powerful B2B Content
Copyright © 2020 by Gay Flashman
This translation of Powerful B2B Content is published by arrangement with Kogan Page.
The simplified Chinese translation copyright by China Science and Technology Press Co., Ltd.
All rights reserved.

北京市版权局著作权合同登记　图字：01-2022-0066

图书在版编目（CIP）数据

内容为王：B2B 品牌传播的关键要素 /（英）盖伊·弗拉什曼著；赵倩译 . -- 北京：中国科学技术出版社，2022.7

书名原文：Powerful B2B Content

ISBN 978-7-5046-9544-4

Ⅰ.①内… Ⅱ.①盖… ②赵… Ⅲ.①电子商务—品牌营销 Ⅳ.① F713.365.2

中国版本图书馆 CIP 数据核字（2022）第 057706 号

策划编辑	杜凡如　陆存月
责任编辑	杜凡如
封面设计	马筱琨
版式设计	蚂蚁设计
责任校对	吕传新
责任印制	李晓霖

出　　版	中国科学技术出版社
发　　行	中国科学技术出版社有限公司发行部
地　　址	北京市海淀区中关村南大街 16 号
邮　　编	100081
发行电话	010-62173865
传　　真	010-62173081
网　　址	http://www.cspbooks.com.cn

开　　本	710mm×1000mm　1/16
字　　数	224 千字
印　　张	14.5
版　　次	2022 年 7 月第 1 版
印　　次	2022 年 7 月第 1 次印刷
印　　刷	北京盛通印刷股份有限公司
书　　号	ISBN 978-7-5046-9544-4/F·998
定　　价	69.00 元

（凡购买本社图书，如有缺页、倒页、脱页者，本社发行部负责调换）

致 我 的 父 亲

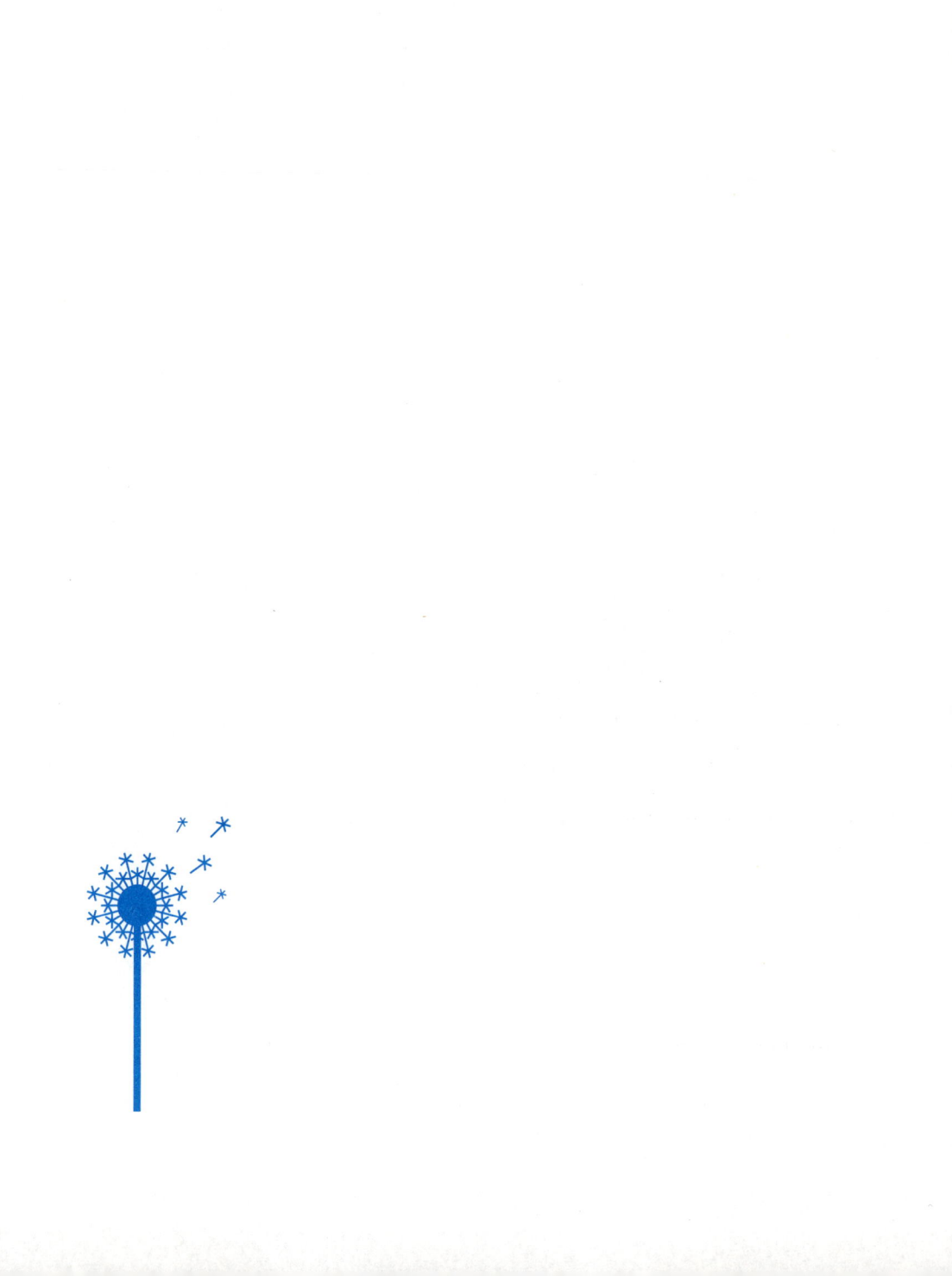

序言

本书向我们揭示了一个隐秘的力量：讲故事的力量。

当我们考虑市场营销时，很难立刻联想到讲故事。讲故事不是为了强行推销，而是要寻找那些在大公司的外壳之下跳动着的富有人情味的故事，这些故事能够将我们联系起来，它关乎我们的希望、梦想和恐惧。讲故事是为了建立信任。

真正有影响力的、去中介化的内容能够帮助品牌放大对自身至关重要的问题和话题，并直接与品牌希望接触的人对话。

这正是本书所揭示的力量。它不是营销广告，而是真实可信的论述。在理想的情况下，它提供的是实质内容而不是口号，是深刻的见解而非空洞的言论。

我认为，没有人比盖伊·弗拉什曼更适合解释故事驱动下的内容营销的价值。作为一名记者、电视台主管、机构创始人与CEO（首席执行官），她的职业生涯始终围绕着内容和新闻。她为全球先进的企业制定战略，以充分利用有意义的内容，并帮助它们挖掘实施战略所需要的素材。

在本书中，盖伊·弗拉什曼分析了如何利用内容培养组织影响力，就商业问题发表见解，推动知识摆脱行业术语的束缚，并努力让内容被更多的人看到、讨论和分享。

21世纪的工作场所发生了三大变化。无论老少，人们对领导的期望都有所提高。是的，人们不仅需要工作，还需要有归属感的社群，需要发展、目标和价值观。当员工习惯了和那些只关注利润、股息、市场前景和可预测性的股东对话时，员工的这些期望会令自己感到不安。

人们希望通过社交媒体分享自己的经历。他们不仅分享自己的闲暇时光，也在领英（LinkedIn）或Pinterest（一款图片分享类的社交应用）等专业的个人社交网络上分享自己的见解和知识。

他们希望在脸书（Facebook）、微信或抖音等平台上分享家人关心的事情。在网络空间中，内容分享已经取代了杂志和报纸、图书与相册。

人们使用媒体的方式发生了变化。这意味着传统的"把关人"（gatekeeper）[①]已经丧失了权力。请记住，这种变化不仅会影响全球的受众或重点目标群体，也会影响企业的相关人员：员工和利益相关者。他们将是首选的品牌拥护者和品牌大使。

如果你没有出现在人们的耳机里或屏幕上，也就是说，你没有引起他们的注意，那么你在哪里？

在接下来的章节中，盖伊·弗拉什曼将阐述如何有效且有针对性地吸引他人的注意力。无论是小规模的初创企业还是企业巨头，都能从书中获益。本书将成为你的最佳指导手册。

阿德里安·蒙克（Adrian Monck）

世界经济论坛（World Economic Forum）总经理

[①] 在信息群体传播的过程中存在一些"把关人"，只有符合群体规范或把关人价值标准的信息内容才能进入传播通道。——译者注

目录
CONTENTS

第 一 章	为什么将品牌新闻纳入内容营销组	001
第 二 章	新闻编辑室的方法：定义 B2B 品牌新闻	019
第 三 章	制定讲故事的策略	037
第 四 章	寻找故事：讲述重要的故事	059
第 五 章	挖掘故事：发现强大的品牌新闻	075
第 六 章	选择形式：受众的需求与文本的力量	091
第 七 章	选择形式：图像、视频与音频	115
第 八 章	内容中心：为故事寻找根据地	135
第 九 章	内容分发与放大：培养忠实的受众	149
第 十 章	思想领导力：来自员工的洞察	167
第 十一 章	衡量影响力：建立指标体系	181
第 十二 章	为新闻编辑室带来生机	195
参 考 文 献		206

第一章

为什么将品牌新闻纳入内容营销组

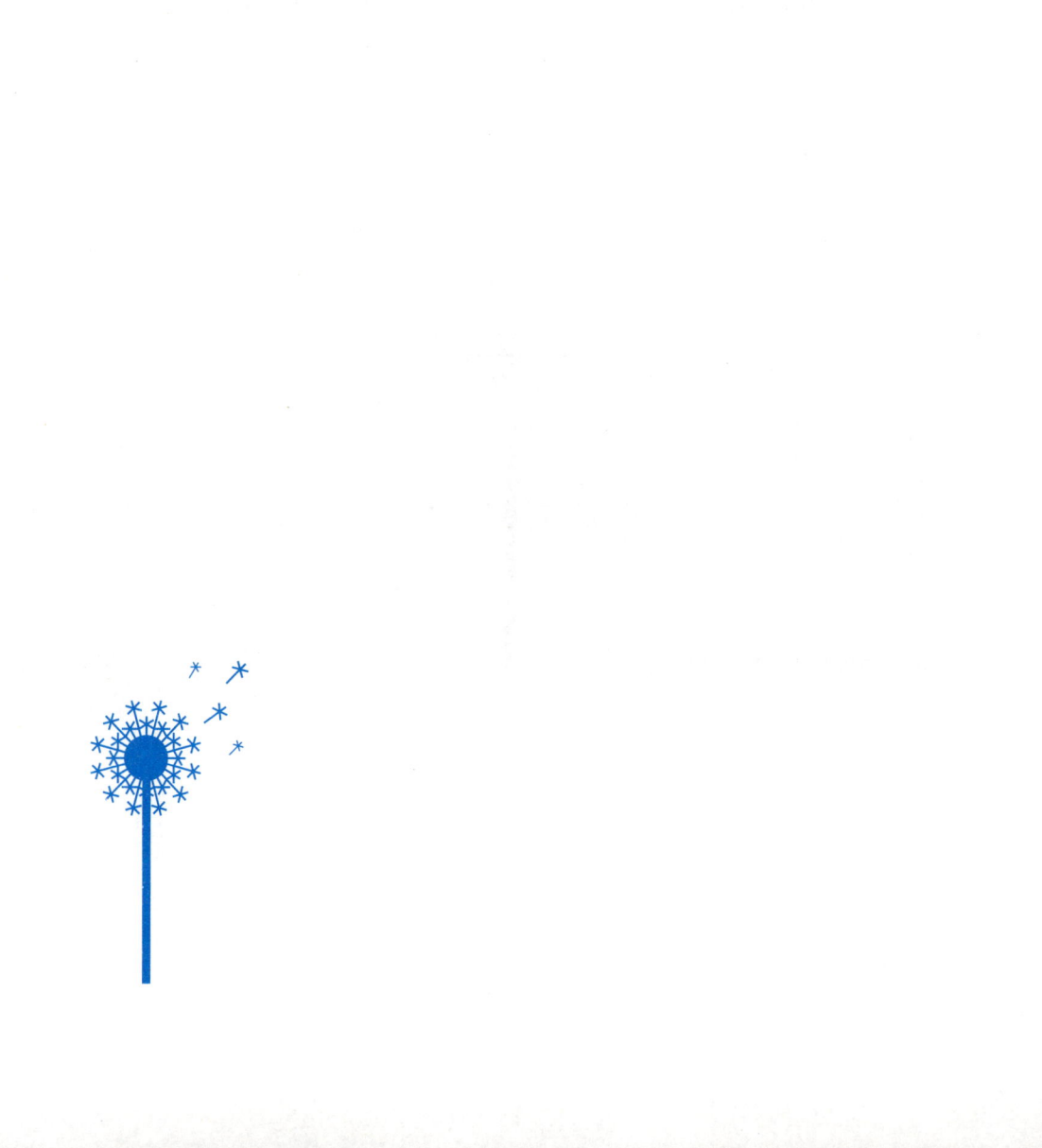

第一章
为什么将品牌新闻纳入内容营销组

我们用来观察B2B[①]传播与营销材料的镜头已日益模糊。过去几年，我们看到了大量新颖的传播渠道如雨后春笋般涌现出来，不仅如此，这些渠道所包含的信息数量与复杂程度也到了近乎深不可测的地步。

如今每天新增数据量高达12.5万亿字节，未来也将继续保持这样的日增量，这着实令人难以置信。从某个角度来看，相当于过去两年创造出了人类历史上90%的数据。[1]

随着渠道数量激增，当品牌（无论是B2B品牌还是B2C[②]品牌）接触消费者与受众时，它所面临的挑战也逐渐增大。参与人数成倍增加，他们之间建立联系的接触点也在激增，因此购买周期变得更加复杂。对品牌来说，从传统客户旅程的起点开始吸引目标受众已经远远不够了。品牌现在需要进行"品牌热身"。B2B品牌必须设法在买家到达销售漏斗（sales funnel）[③]最上层之前就建立影响力。正如内容营销专家罗伯特·罗斯（Robert Rose）所说："如今市场营销能够发挥作用的阵地主要在销售漏斗顶部的体验（潜在客户）阶段。"[2]

[①] B2B 也可写成 BTB，是 Business-to-Business 的缩写，指企业与企业之间通过专用网络或互联网进行数据信息的交换、传递，开展交易活动的商业模式。——译者注

[②] B2C 是 Business-to-Consumer 的缩写，是直接面向消费者销售产品和服务的商业零售模式。——译者注

[③] 销售漏斗是客户从公司购买产品需要经历的过程。——译者注

这意味着什么？我们经常会忘记，产品销售实际上是人与人的互动过程。从广义上来说，产品销售是讲故事，这些故事能让他人联想到你的品牌，或者使你的品牌符合一种特定的思维方式。在潜在买家开始客户旅程之前，品牌就要创作故事来支持营销活动。如果故事讲得好，能够在一定程度上吸引不同人际关系网中的受众，那么这些新闻故事就能对品牌声誉产生正面的影响。

让品牌成为竞争者

换言之，要在这个多渠道的世界中取得成功，需要将你的品牌打造成"竞争者"——当消费者（或买家的影响者）产生需求时，他们会立刻想到你的品牌。品牌必须深入思考并采取战略手段、编辑内容，在受众所处的地方与空间占据一席之地——甚至是在受众产生对一个产品或服务的需求之前。

信息量

无论是B2B还是B2C，都要抓住客户的注意力，但这项任务的挑战性日益增加。

近年来，以各种形式发布的文章、博客，以及所谓的"新闻"与其他类型内容的数量几乎呈指数级增长。其中一些内容来自传统或得到公众认可的新闻媒体，但越来越多的内容来自个人博主与过去籍籍无名的内容发布者。

但是大部分内容质量堪忧。80%的博客作者都是靠独立写作发表内容，没有其他人进行信息核实［该数据来自SEO Tribunal[3]，一家旨在帮助企业寻找合适的SEO（搜索引擎优化）公司的机构］。据报道，很多帖子都缺乏深思熟虑，只进行了粗略的研究，往往缺少证据支撑，却出现在很多人的社交媒体信息流与收件箱中。然后这些内容被直接复制到各个渠道，或者经过剪切、粘贴和共享，不难看出，我们已经被众多质量平庸的信息淹没了。

但是，随着信息总量不断增长，争夺我们注意力的渠道和声音的数量也达到了惊人的程度。

随着互联网的大众化，利基新闻媒体与网站数量大幅增长，它们传递的是具有"长尾效应"（long tail）的观点和立场——通常代表非主流和少数群体的思想。一些人认为这是多元化的体现。但另一些人认为这些媒体与网站是"假新闻"的滋生地，其他媒体评论员则对这些新的信息来源——多半来自社交媒体——所带来的影响表示担忧。许多受众逐渐抛弃了传统的、权威的新闻媒体，转而选择那些与自己信仰相似的媒体。

如果说这还不够具有挑战性，那么还有一个问题更值得我们注意：我们看到的内容（主要是在社交媒体信息流中）并非全由人类撰写、制作或分享。其中一些来自"巨魔农场"（troll farm）[4]创作、分发和分享的内容，这些内容旨在操纵思想，或削弱人们在医疗和经济领域基于事实的洞察力。

由此产生的影响不可低估。我们生活在这样一个时代：一些人宁愿相信符合自身信仰的内容或虚假故事，而另一些人则对传统媒体失去了兴趣。总而言之，新闻来源的可信度从未受到如此高程度的质疑。皮尤研究中心（Pew Research Center）最近调查发现，内容增长如此之快，以至于只有约1/5的美国人表示相信新闻机构、家人或朋友向他们传递的内容。人们对社交媒体的信任度更低。只有4%的使用网络的成年人表示相信自己看到和阅读的内容，不管该内容来自谁。受众逐渐意识到，自己接收到的信息是片面的——几乎3/4的受访者同意这一点。[5]

通过立法限制营销

营销行业正在努力防止人们被太多缺乏针对性的信息淹没。此外，政府也开始立法，限制垃圾邮件的发送和不必要的推送服务。

自2018年5月起，欧盟实施《通用数据保护条例》（General Data Protection Regulation, GDPR）。该条例规定了公司使用、分享和存储个人数据的方式。未经相关人员同意，公司不得使用个人数据，也不得将其转发给他人或以任何方式重复使用。

虽然很难找到数据证明《通用数据保护条例》对电子邮件营销与电话营销所造成的实质影响，但脸书的报告称，2018年年初，脸书用户注册量出现暂时下滑，且广告收入有所下降，均是受该条例的影响。为什么？因为现在越来越多的消费者开始重视个人隐私。研究发现，约70%的美国成年人对一些平台分享并出售其个人信息与在线活动信息感到不满，其中超过一半的人表示，在使用应用程序和网站时，他们会采取一定的措施限制数据收集。必要时，许多人甚至会完全终止对某些平台的使用。[6]

在这样的背景下，弗雷斯特研究公司（Forrester）的研究团队指出，2017年《财富》（Fortune）杂志公布的百强企业中，有21家企业承诺将保护消费者隐私作为企业的社会责任之一；到2018年，做出该承诺的企业增至28家，[7]这也不足为奇。由《通用数据保护条例》引发的投诉数量不断增加，因此欧洲之外的地区，包括美国加利福尼亚州、巴西、日本和印度，也开始讨论实施类似的监管。[8]

买家会自行调查

不久以前，供应商接触买家的方式非常有限，大多需要通过一对一或面对面的方式。买家收集信息以做出购买决策的渠道同样有限。但到了今天，B2B购买决策的特点和影响因素多种多样——其中很多都发生在客户接触公司和了解产品之前。买家在线上调查阶段可能就会决定是否与某个品牌接触并购买其产品。研究表明，几乎一半的B2B买家在接触销售人员之前会查阅三到五篇相关内容。[9]

事实上，从数据上看，商业消费者的情况非常复杂，弗雷斯特研究公司的洛丽·威兹多（Lori Wizdo）发现：[10]

- 超过2/3（68%）的B2B买家表示，他们更喜欢自己上网进行调查；
- 62%的B2B买家表示，他们已经制定了自己的选择标准，或者只根据数字内容确定备选的供应商；
- 大约60%的B2B买家不愿意将销售代表作为主要信息来源。

这些发现清楚地表明：如果品牌没有合适的数字内容，即能够吸引买家做出购买决策的内容，那么在销售周期开始之前，品牌就已经失去了订单。

信任危机

有些B2B品牌已经成功"穿透噪声"，吸引了受众的注意，但它们的销售之途并非一帆风顺。我已经说过，信任是最主要的问题——建立信任，建立并培养关系。但我们都知道，受众并不喜欢接收推送的信息，他们想从自己正在接触的品牌身上感受到亲和力。

埃森哲（Accenture）在最近的一份研究报告中恰好提出了这一点：

> 数字世界与生俱来的高度透明意味着信任是一个高度易燃的永恒问题……企业需要刻意创造一种建立和维护信任的文化，并将其融入公司的基因、战略和日常运营中。[11]

信任很重要，因为它影响到你的买家、投资者、合作伙伴和员工。因此，不仅要巩固信任和衡量信任度，更要与利益相关者和受众建立信任。德勤（Deloitte）的研究显示，在西方社会，年轻人的信任缺失现象更加普遍。[12]实际上，年轻人的乐观情绪达到了历史最低水平。总的来说，千禧一代对社会全面丧失了信任。千禧一代和Z世代①更愿意光顾和支持那些与他们拥有相同价值观的公司。

好消息是，新的研究表明，买家更愿意相信供应商的内容是可信的。[13]提高对供应商的信任，来自弗雷斯特研究公司的劳拉·拉莫斯（Laura Ramos）称之为"B2B内容竞赛"，B2B公司"试图通过在合适的时间内制作买家可能需要的合适的内容来获得竞争优势"。[14]

然而，在详细阐述这一问题之前，有必要先研究一下买家对当前各个渠道的信

---

① Z世代，美国及欧洲的流行用语，意指20世纪90年代中叶到2010年出生的人。——译者注

任度的差异。

对主流媒体的挑战

人们对传统媒体与其他所有媒体的信任度普遍有所下降，但广播电视和新媒体之间的"信任差距"越来越大。英国舆观调查网（YouGov）的剑桥全球主义项目（Cambridge Globalism Project）显示，2019年，在法国、德国和美国等22个国家中，英国人对社交媒体的信任度最低。[15]调查发现，只有12%的英国人信任来自社交媒体的信息，而83%的英国人几乎不信任脸书和推特（Twitter）等平台。大多数英国人只相信两个信息来源：国家电视新闻频道（61%）和地方新闻机构（54%）。

虽然相较传统的新闻媒体（美国广播公司、澳大利亚广播公司、英国广播公司），新兴媒体（BuzzFeed[①]、NowThis[②]等）能以更加有趣的方式讲述吸引年轻人注意力的故事，但是故事真假难辨。一些社交媒体平台的倒闭也无法改变这一现状——这些平台因协助传播虚假新闻而遭到广泛谴责。

虚假新闻具有巨大的破坏性，据2019年的《爱德曼信任度晴雨表》（*Edelman's Trust Barometer*）显示，虽然阅读新闻的人数有所增加，但超过70%的人都担心虚假新闻或虚假信息被"当成武器"。[16]最终结果就是，受众被来自四面八方和各种渠道的劣质信息吞噬，难以辨别事实与虚构。

广告担忧

除了新闻难辨虚实，整个广告业的诚信也着实令人担忧。尽管在过去几十年中，人们对广告的信任度一直在下降，但最近，这种信任正在加速消融，消费者对广告的信任度达到了历史最低点（25%）。研究表明，造成这一现象的原因在于广

---

① BuzzFeed 是一个新闻聚合网站。——译者注
② NowThis 是一个短视频新闻平台。——译者注

告数量庞大、重复、突兀且无意义。[17]

英国传媒巨擘普特南勋爵（Lord Puttnam）最近表示：

在重建信任的过程中，我们每个人都面临一项艰巨的任务。我们不是要重建对现行秩序的信任——从许多方面来看，现行秩序本身是不足信的，而是要对我们认为具有凝聚力且值得支持的某种秩序建立信任。建立信任是一种属于人类的活动，只靠分析和算法难以实现。从广告的狭隘视角来看——我们的任务是建立"信任"——信任品牌，信任我们的信息，信任彼此。[18]

社会需要新的发言人

机遇：品牌宗旨

机遇与危机相伴而生。媒体和广告留下了"信任空缺"，这为高级商业领导者和思想家提供了机会，他们具有备受瞩目的思想领导力，可以借此证明自己的可信性。

众多组织已经争取到了进入这个公众空间的权利，可以放心地谈论自己所了解的领域，因为它们知道，受众可以过滤和筛选组织所讲述的故事——（在理想情况下）这些故事有各种各样的信息来源，并非来自组织自己制造的"回音室"。

在我们的采访中，内容咨询公司（Content Advisory）的创始人兼首席战略官罗伯特·罗斯分析了赢得受众关注与信任的重要性。

要获得关注并不难。你可以吸引他人的注意力，也可以购买他人的注意力。但这种关注只是昙花一现。让一个人的注意力在你身上停留10秒钟，这很简单。只需要引发争议或者花点钱，在他人面前展示一些东西，就能吸引对方的注意。但难的是保持这种关注。如何在足够长的时间内维持这

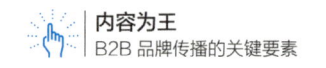

种关注，并借此加深信任，让他人愿意做对你有利的事情。这是一个难题。

这就是内容营销发挥作用的地方，在你提出任何要求之前，换句话说，在你拿到受众的姓名或电子邮件地址，或者让他们注册、进行任何交易之前，你要先提供价值。以对待现有客户的方式对待他们，将与他们的关系视为对你有价值的关系，甚至在他们还没提要求的时候先提供价值。我认为，这样才能使信任的其他要素变得更加容易。

品牌沟通应该体现：

- 诚实——确保你为组织创造的所有故事都能忠实、清晰地反映组织的思想与观点。
- 联系——从组织内部挖掘案例与真人真事，以引起共鸣，建立关系。
- 价值——具备洞察客户需求的能力。
- 可靠性——除非你能维持沟通，否则就不要开启沟通。

讲好故事的作用

不仅雇主和受众会相信思想领导力的力量。与以往相比，员工也更加相信，他们的组织应该在更大的环境中和他们周围的世界中引领变革。《爱德曼信任度晴雨表》显示，在2019年，70%以上的人认为公司应该采取措施，在增加利润的同时改善公司所在市场的经济和社会状况。[19]

那么，除了绞尽脑汁地讲故事以外，还有什么方法可以更好地证明你在做什么呢？告诉受众你相信什么（以及为什么相信），这是当今品牌建设战略的重要组成部分。正如后文戴维·罗曼（David Roman）所说，反复向受众推荐产品的方式已经失效了。如今，人们期望品牌与消费者信仰一致——这在B2B领域同样重要。数据显示，一半以上的消费者会抵制与自己信仰不同的品牌，在B2B领域也同样如此。[20]特别是有些B2B品牌，随着接触点、平台，甚至参与销售或购买活动的人数激增，客户旅程不断演变，变得更加复杂。

|案例分析|

联想（Lenovo）品牌不止技术创新

联想高级副总裁兼首席营销官戴维·罗曼最近接受《鼓声》（Drum）杂志采访时说："如今的联想已是一家价值500亿美元的公司，因此我们必须以更加严谨的态度对待自己的立场和我们所传递出来的信念。人们，特别是千禧一代购买技术时，都希望与品牌建立关系。他们希望了解公司，希望公司与他们秉持相同的价值观。技术之外还有更加广阔的天地，尤其是现在我们有了基于云计算的解决方案。人们渴望建立信任，也希望公司能够维护他们的隐私和安全。"[21]

复杂的销售路径

1898年，旅行推销员伊莱亚斯·圣埃尔莫·刘易斯（Elias St Elmo Lewis）首次创造了著名的"销售旅程"概念，并巧妙地以认知（Awareness）、兴趣（Interest）、欲望（Desire）和购买（Action）四个单词的首字母AIDA加以概括。

直到今天，创造销售量的基本前提大致保持不变。也可以说，刘易斯最初描述的销售漏斗的变化不大，只是客户可以使用的销售渠道、接触点和平台在增多。营销评论员、教授兼策略师马克·里特森（Mark Ritson）写道：

在电视、直邮广告、电话推销、电影广告、互联网和智能手机发明之前，就有了销售漏斗的概念。上述每一项技术都改变了营销人员的营销策略，但营销策略所面临的基本挑战以及由此衍生出的销售漏斗的价值依然不减。[22]

数字通信技术的兴起意味着客户旅程中的接触点越来越多，且每一种技术都有可能衍生出一个新的平台。麦肯锡咨询公司（McKinsey）研究发现，"一般的B2B

客户在决策过程中有六种不同的渠道可用"。[23]复杂的接触渠道带来了全新的挑战。在客户旅程的不同阶段，这种复杂性正是以日益复杂的沟通和对传统媒体、广告和营销的不信任为背景。营销大师塞思·戈丁（Seth Godin）写道：

> 刚被授权的消费者发现，在营销者看来杂乱无章的东西，对他们而言却是选项。消费者已经意识到，自己有无限多的选择。但对于营销者来说，这仿佛是在沙漠里卖沙子。[24]

如果未给受众留下印象或建立某种数字关系，希望参与采购流程的组织可能会在正式的招标（RFP）流程开始之前就失去了销售机会。正如麦肯锡咨询公司的一份报告所总结的那样，当品牌越来越难以吸引人们的注意力时，提高品牌知名度与品牌参与度就显得尤为重要：

> 面对过多的选择和信息，消费者倾向于依赖有限的几个品牌，这些品牌已经穿过了信息的荒野。品牌知名度非常重要：对比消费者最初考虑的品牌与没有考虑的品牌，与前者成交的可能性是后者的三倍。[25]

成功的关键是以尽可能吸引人的方式用品牌信息"中断"消费者的决策过程。如果你能在嘈杂的声音中脱颖而出——因为你能巧妙地传达信息，而不仅仅是因为你的声音最大，那么品牌就有机会通过讲故事和品牌新闻来获得消费者的关注，并开始引导消费者对品牌产生信任。营销专家兼作家迈克尔·布伦纳（Michael Brenner）在接受我们的采访时表示，问题不是受众不喜欢内容，而是他们没有得到自己需要的内容：

> 研究表明，买家对内容的态度其实相当开放，他们想寻找更多具有教育意义的品牌内容。我认为受众并未完全厌倦。他们越来越欢迎那些能够提供专家级思想领导力或品牌新闻的品牌——受众只会因具备这种能力的品牌太少而感到失望。

> 问题是，企业的本能是自我推销——对于市场营销、企业的最高管理层和销售团队而言，都是如此。每个人都认为自己的工作就是讲一讲他们的产品和公司有多棒。简单来说，正是推销的欲望阻碍了他们前进的道路。

第一章
为什么将品牌新闻纳入内容营销组

设法建立关系

如果讲故事和品牌新闻就是解决问题的方法，那么正在实践这两种方法的公司所面临的挑战就是如何在这个碎片化的环境中与自己的受众建立关系。如何利用信息实现突破并吸引受众？如何在更加复杂、感性且不断延长的销售旅程中与B2B买家建立联系？

阿德里安·蒙克是世界经济论坛（World Economic Forum）总经理。在谈及论坛的内容发布方式时，他表达了自己的观点，即组织可以对传统媒体"去中介化"，由组织自己进行新闻报道：

> 我们的出发点是，组织可以通过讲故事的方式让世界更加充分地了解组织的使命、热忱及其所关心的问题，并将同样的讲故事的方法应用于组织内部人员及其利益相关者。与你建立关系的人、与你合作的人，都是你的受众。据我们所知，讲故事是与他人接触的最有效的方法。
>
> 如何将这种方法应用于自己的组织或企业，讲述真实、可信的故事？就我个人而言，首先要成为新闻专家，并对新闻业进行思考，进而意识到组织也可以接受新闻业的价值观，成为新闻业未来发展的一部分。
>
> 对组织而言，最重要的是遵循这些价值观——谦恭地讲述真实的故事。要做到这一点，必须确定组织谈论不同问题的能力范围，同时确保组织在能力范围之内诚实地传递信息。

品牌宗旨的崛起

人们越来越希望品牌能够捍卫自己的信仰，并讲述与这些信仰相符的故事，以此更加全面地展示品牌宗旨。

埃森哲战略部总经理比尔·西奥菲卢（Bill Theofilou）说过："品牌必须解决问题或满足需求。品牌如何解决问题或满足需求，如何与客户建立关系、培养客户对品牌的忠诚度、提高品牌的亲和力，这将决定品牌的成败（图1.1）。"[26]

埃森哲的研究提到了"宗旨驱动下的品牌崛起"——对2000多名美国消费者进行调查后发现，60%以上的消费者希望公司能够在透明性、公平就业与可持续发展等问题上表达明确的立场。消费者更倾向于从符合其个人价值观的公司那里购买商品和服务。

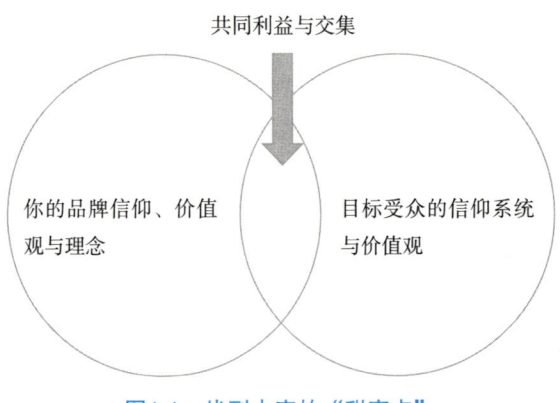

图1.1 找到内容的"甜蜜点"

明确宗旨

万卓环球公关公司（Waggener Edstrom）和咨询公司Quartz开展了一项研究，结果发现，企业必须有真正的宗旨，且"社会问题和企业战略之间存在着不可分割的联系"。研究还发现：公司不能再在真空中运营。84%的受访者表示，客户对于自己所支持的品牌的透明性与可信度有更高的要求，这对社会具有积极的影响。[27]

支持这一点的人比比皆是。近年来，跨国消费品公司联合利华（Unilever）围绕其品牌宗旨打造品牌。该公司甚至创建了一个名为"宗旨引领销售"（Selling with Purpose）的网站，致力于帮助其他企业树立宗旨，打造品牌。[28]

但是，对品牌宗旨的传播并不限于此。现在，人们希望品牌和企业能够对环境、平等和政治等社会问题发表鲜明观点（并采取相关行动）。微软CEO萨提亚·纳德拉（Satya Nadella）、赛富时（Salesforce）CEO马克·贝尼奥夫（Marc Benioff）和数字银行Starling Bank［曾发起"让钱平等"（make money equal）的活动］的CEO安妮·博登（Anne Boden）都是这方面的主要倡导者。

企业面临的新挑战是确定自己能否适应可能棘手也可能获益的领域。然而，贝莱德集团（Blackrock）董事长兼CEO拉里·芬克（Larry Fink）在给投资者的年信《宗旨与利润》（*Purpose and Profit*）[29]中明确表示：

> 经济发生了根本性的变化，且政府无力提供持久的解决方案，这给社会造成了紧张与不安，社会越来越希望上市公司和私人企业能够解决紧迫的社会和经济问题。这些问题包括环境保护、退休、性别和种族不平等。宗旨不仅仅是口号或营销活动，它是一家公司存在的根本原因——公司每天需要怎么做才能为利益相关者创造价值。宗旨不是一味地追求利润，而是为获得利润提供动力。

品牌宗旨驱动价值

当人们对新闻品牌的信任度下降时，芬克等人的观点就很好理解了。为什么不向企业和知名的专业品牌——以及其他传统渠道和新闻来源——寻求信息和观点呢？

采购团队通常希望了解企业在平等、性别平衡、准入问题，以及供应链可见性与商业方法等方面所承诺的目标，同时政府正在立法改变企业经营方式和方法。可持续采购和道德采购[①]以及标准化日益受到重视。将这些故事整合到面向公众的平台——网站、博客、社交媒体平台，是在线上和线下树立声誉、提高信任度的关键。

[①] 道德采购通常是指企业承诺保证采购物品及原料来源正当，并严格遵守最高标准的社会和环境责任。——编者注

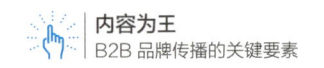

请记住，要有情感

人们不仅希望B2B品牌表述其宗旨，也希望这些品牌可以进一步挖掘其感性的一面。在概述普遍的商业趋势时，国际商用机器公司（IBM）将这种行为称为"从注意力经济转变为情感经济"（图1.2）。[30]

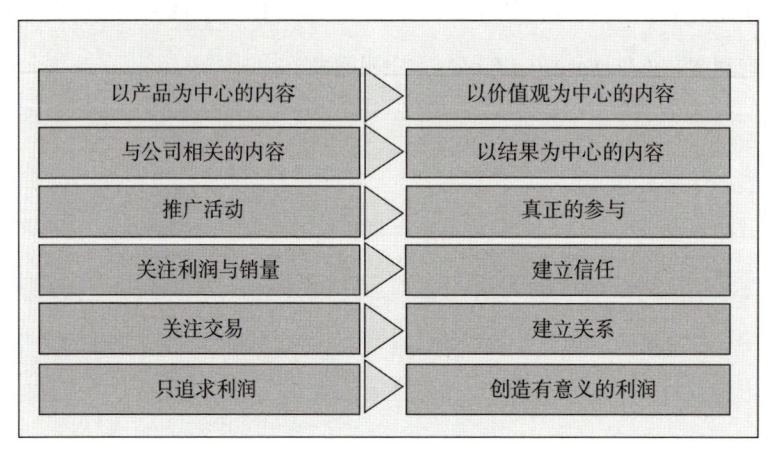

以产品为中心的内容	以价值观为中心的内容
与公司相关的内容	以结果为中心的内容
推广活动	真正的参与
关注利润与销量	建立信任
关注交易	建立关系
只追求利润	创造有意义的利润

图1.2　内容重心的转变

实际上，两者之间的跨越并非看上去那么大。从某种程度上来说，情感往往是市场营销与广告的核心。IBM想表达的可能是，品牌需要明确表达情感，而不是"感觉"品牌有某种信仰。谷歌（Google）销售团队的数据显示，与一般消费者相比，B2B客户与供应商和服务商更容易建立情感联系。[31]对数百个B2C品牌进行研究后发现，大部分品牌与1%~40%的消费者建立了情感联系。而在9个接受调查的B2B品牌中，7个品牌与过半的客户建立了情感联系。

海迪·泰勒（Heidi Taylor）在《B2B市场营销策略》（*B2B Marketing Strategy*）一书中讨论了客户参与度（customer engagement）的变化：

> 我认为，在B2B领域，客户的购买旅程是客户连续参与的一个过程。在这个过程中，无论是传统的营销活动还是新型营销活动，都存在多个潜在的接触点。如果客户不再购买我们的产品或服务，我们就要转变思维，不仅要思考我们可以出现在购买旅程的哪些位置上，还要思考如何在客户

开始购买旅程之前与其建立联系。[32]

跨团队合作

说得再直白一点，品牌对于故事的需求从未像现在这样强烈。我们的故事讲述面临着这样的背景：我们和潜在客户已经被充斥全世界的信息所淹没。

从此以后，成功的关键在于掌握一定的技巧，以获得真正的关注，并基于共同的愿景和目标建立有意义的关系。

要取得成功，还需要加强跨职能的合作。别的不说，有效的品牌故事和品牌新闻需要各团队的共同努力，尤其是现在，销售不再是一个线性过程。因为在做出最后的购买决策之前，买家通常会从数字内容转向销售团队，所以各个相关团队必须清楚自己的责任以及与其他团队合作的方式：

营销团队： 营销团队为内容的撰写和编辑提供指导与帮助，创造与当前营销活动和重点业务或产品相符的内容，确保活动实现关键的营销目标。

传播团队： 传播团队要明确传达品牌信息，并将品牌信息改写成具有吸引力的内容，以吸引目标受众与其他人。传播团队也会对内容的基调提供指导，协助故事创作，并帮助选择适合品牌的故事。

销售团队： 与销售团队合作可以帮助内容营销人员了解消费者关心的问题——消费者希望了解什么？消费者的痛点是什么？在创造品牌新闻时，销售团队是编辑团队的亲密伙伴。品牌故事可以为销售团队创造销售机遇，这也是与客户建立关系的起点，同时为未来或开发潜在客户打下基础。

当受众和买家全力应付纷繁复杂的信息与营销环境时，品牌故事切入的最佳时机就出现了。不仅如此，还有各种工具帮助我们发布品牌故事，并对这些故事进行全方位的评估和衡量。下一步是从各个方面了解新闻编辑室，你可以借鉴其中的方法，建立一个成功的品牌新闻策略和新闻生产团队。

第二章

新闻编辑室的方法：定义B2B品牌新闻

品牌新闻：定义

"品牌新闻"的定义多种多样，这个词语根据出自何人、是否做过记者以及对内容营销的接触程度来区分营销者和传播者。从本质上来说，品牌新闻显然不是独立存在的，而是由品牌本身支持的，品牌需要为此花费一定的成本。"品牌记者"要写的不是藏起品牌信息然后称之为新闻的秘密内容。相反，他们为品牌、企业和组织创造真正有趣的故事：这些故事明确传达了品牌信息或价值观，但不会明确地售卖产品。

2013年，安迪·布尔（Andy Bull）撰写了有关内容营销和数字营销的论著，名为《品牌新闻》（*Brand Journalism*）。虽然此后内容营销与数字营销有了显著发展，但他在书中概括的品牌新闻的关键特征在今天仍然适用：

> 品牌新闻是传统新闻、营销和公共关系的混合形式。任何组织现在都可以使用新闻技巧直接向公众讲述自己的故事，品牌新闻是对这一现实的响应。
>
> 品牌新闻的综合性也在于它融合了战略公关（PR）和营销传播的核心要素——有远见的规划、研究、深度的信息、明确的宗旨，并需要对其所得成果进行量化评价。最终呈现出来的是一个品牌新闻驱动的综合传播战略。[1]

在本书中，我会采用更为狭义的定义，这个定义主要体现了作用于销售漏斗顶部（品牌认知阶段）的内容的来源和创造，这些内容不会明确地聚焦品牌名称或反复提及品牌名称。因此，我认为，品牌新闻是：

> 多种形式的内容创造，主题取材于广泛的文化、社会与商业环境、品牌价值观与企业宗旨。所创造的故事包含丰富的信息，与目标受众相关，或者对目标受众具有实际价值，且故事的创造利用了新闻的敏感性，以及相关技巧、工具与过程。该内容一般上传至品牌自己的信息发布与放大渠道。

梅拉妮·迪兹尔（Melanie Deziel）曾是一名记者，后来创立了StoryFuel，是一个帮助企业讲好故事的机构。她告诉我：

> 我认为，品牌新闻是所有品牌内容的一个子集，需要遵循新闻编辑室常用的质量标准。当然，这些标准也参差不齐，但大致来说，我认为品牌新闻有几个共同的特征：内容来源可靠，以增加其可信度；从独特的角度切入或采用全新的视角探讨某一话题；利用一些冲突因素或利害关系，将焦点放在受众真正关心的问题上。

但是，也有人对"品牌新闻"的观点表示异议，其中包括吉姆·考克斯（Jim Cox），他也当过记者，现任全球知名物流服务商Agility的内容与传播副总裁。他告诉我：

> 我在新闻编辑室工作了27年，然后才进入传播与营销领域。我不赞成"品牌新闻"的说法，但也无法提供一个更好的标签。我认为新闻涉及对公众利益相关事件的报道——以客观的方式收集、组合并呈现事实。企业与品牌也可以这么做，无论它们是否关心广泛的公共利益，例如气候变化，或者将范围缩小一点，关心客户与其他相关利益团体的利益。但企业与品牌的存在是为了出售产品与服务，并使股东价值最大化。此外，如果认为品牌创造的新闻不受其存在基础和市场需求的影响，那就太天真了。

无摩擦共享[①]

品牌新闻有一个特点,即它的大部分读者可能并非真正的买家。他们可能只是互联网用户的一部分,参与或分享这些故事、博客或文章。但这不意味着你可以轻视他们。这些人可能是传播链上最重要的第一个环节——他们将品牌新闻分享到相似的或更大的网络中,从而启动内容传播过程,使内容可以在更大范围内共享。

这个共享网络上的"节点"可大(重要的影响者或重要组织)可小(微型影响者),或者它们呈现简单的线状(由一个人点击或分享给另一个人)。但在理想情况下,品牌创造的故事应尽可能降低摩擦,使参与度达到最大化。这些故事可以吸引重要受众的注意力,让他们"停止滚动屏幕"(见本章后文"创造故事的方法"),从而无摩擦地分享内容。

如何创造品牌新闻

像记者那样思考

写作或制作品牌新闻的一个基本要求是像记者那样思考,这似乎是显而易见的,但实施起来却不容易。这种思维模式要求你在组织内寻找故事——你可以重述这个故事,且故事内容能够令受众感到兴奋,或对受众具有吸引力。

为此,你需要训练自己像记者那样提问。即使是资历最浅的跟队记者也要学习提出"是什么""为什么""什么时候""怎么样"的问题。作为企业的营销人员,你也可以采用同样的方法。

[①] 无摩擦共享(frictionless sharing)是2011年由马克·扎克伯格提出的术语,指通过社交媒体自由顺畅地分享资源。——译者注

拉里·莱特（Larry Light）于2014年写过一篇有关品牌新闻的文章，其中提道：[2]

> 要创造品牌新闻，首先应理解，品牌不仅仅是一个词，而是一个复杂的、多维度的概念，包括显著的特性、功能与情感利益，以及与众不同的品牌特征。在这个数字化、移动化的营销环境中，只靠一种传播途径无法将标准化的品牌信息传递给所有客户，而在合适的时间与因由下，这些信息都能与客户产生关联。因此你要像一个记者一样思考。

《福布斯》（Forbes）前记者丹·莱昂斯（Dan Lyons）在软件公司Hubspot（一家鼓励客户使用内容营销方法来提高受众参与度的公司）负责集客式营销并担任品牌记者时，撰写过一部著名作品。在任职期间，莱昂斯写了一篇关于企业故事讲述能力的短篇论文，题为《首席营销官的品牌故事讲述指南》（The CMO's Guide to Brand Storytelling）。他在文中简明扼要地解释道："迅速发展的社会使媒体不知所措，难以跟上形势的变化。创造品牌故事的最佳方法就是让你自己成为一名记者。"[3]

如果像记者那样思考有困难，你可以尝试在组织中建立一个由其他有兴趣或愿意讲故事的人组成的网络。这些人可以成为创造故事和提供见解的关键人物。

像记者那样思考，必然意味着你要像记者一样行动——那些优秀记者走向成功需要做的那些事情：每天都要寻找故事、培养人际关系、经常四处走访以更新之前的故事。如果你已经成为"得力干将"，想为公司写故事的同事就会找你。在这个时候，你应该去公司的社交媒体渠道中搜寻，看看谁有本事传递见解和兴趣或思想领导力。关键是利用这些内部团队成员，使其成为公司的首批"作家"或内容发布者，促进内容事业的发展。

正确的新闻编辑室价值观

这里所讨论的品牌新闻类型不同于英国广播公司、英国第四台新闻、《华盛顿邮报》（Washington Post）或《泰晤士报》（The Times）的独家新闻和外国报道。换言之，我们需要取新闻编辑室之精华，并利用新闻编辑的原则和特点来讲述优秀的品牌故事。

任何新闻编辑室，无论是电视新闻、报纸新闻还是数字内容，都有自己的文化与观念，因标题、节目和人的不同而不同。但大多数新闻编辑室都有一些共同的价值观，这些价值观会影响该行业内的行为。

优秀的记者天生就充满好奇心，且兴致勃勃。他们对周围世界和杰出的人非常感兴趣。记者通常以诚实讲述自己所见所闻为荣，并补充故事的背景、见解以及相关佐证。

不销售，只讲述

我们希望从品牌新闻中获得的最终结果是树立权威和影响力，传递明确的品牌信息，并且从长远来看，提高销售量或进一步拉近与关键利益相关者的关系。从这个意义上来说，我们需要将所有内容——文章、博客、视频、社交媒体的帖子——上传并共享到自营渠道。

真正的品牌新闻会着眼于受众的问题，创造有价值的故事并将其传递给受众。你应当聚焦故事本身，而不是公司或品牌。这是品牌新闻与公关的本质区别。品牌新闻要在销售旅程的顶部或销售旅程开始之前建立影响力——让客户在关注和认可阶段看到内容（图2.1）。

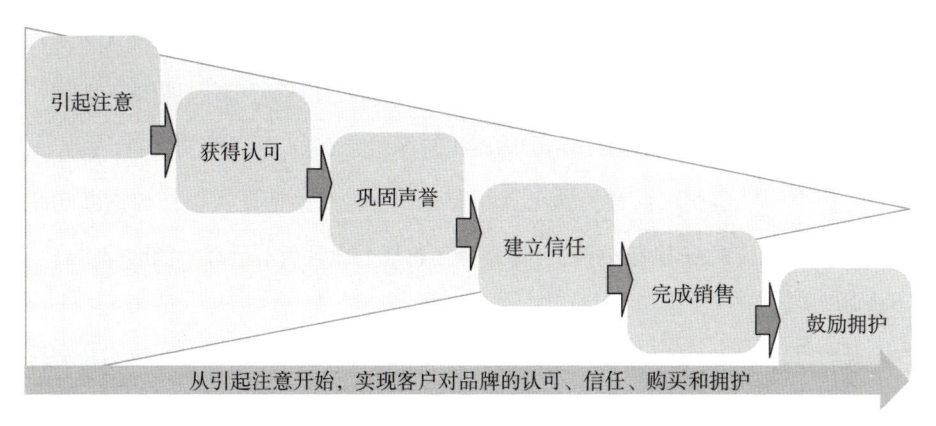

图2.1 从引起客户注意到信任和拥护阶段

有些品牌总是忍不住去推销新闻和产品。马克·琼斯（Mark Jones）是世界经济论坛的数字内容主管，曾帮助该组织开创了批量内容发布的先河。他向我讲述了论坛在内容创造方面取得的成功，特别是在故事内容中摆脱了"纯粹"的推销。

不提品牌。世界经济论坛制作的每一个故事都会发布在带有该组织标识的页面上。这是一个带有组织标识的网站。如果是视频形式的内容，视频中也会打上世界经济论坛的标识。但是内容一般没有明显的"销售"意味，而是传达了论坛的观点，表明它积极参与某一特定领域。这向读者传达了一种观点，即世界上最棘手的问题也能在这里找到答案。这种信息很隐晦，但读者可以感受得到。

我的观点很简单，如果你努力劝说他人接受一条信息，结果可能会适得其反，特别是在当前的环境中，你需要依靠别人去分享你的内容。如果内容非常有趣，人们会分享这个内容。如果人们发现自己的看法因内容而发生了改变，他们就会分享这个内容。如果内容有广泛的用途，或者人们希望世界变得更加美好，他们也会分享这个内容。但是，如果人们觉得自己被利用了，就很难再让他们分享内容。

准确且真实

我们针对品牌所讲述的任何内容都必须是真实的，因为建立信任——无论是对个人的信任还是对品牌的信任——可能需要很长时间，但摧毁信任只需要一秒钟。根据经验可知，媒体非常容易出错，因此我们要设法获得一手的事实资料，而不是仅仅通过媒体报道获取信息。这也意味着我们要尽可能地证实自己的论断。品牌记者的思维模式应当是这样的：愿意接受挑战，而且面对挑战时能够捍卫自己的报道。

从一定程度上来说，客观是指能够区分个人观点或感受，并从不同的角度看待问题。但应该注意的是，客观未必等同于公平。从本质上来说，品牌新闻是不公平的。但我们依然需要通过不同角度看待事物，品牌新闻的作者要站在他人的立场思考问题。

前记者艾米·哈奇（Amy Hatch）为思爱普（SAP）客户体验推出了"客户参与和商务的未来"（Future of Customer Engagement and Commerce）网站。她向我讲述了新闻工作的训练对内容开发的影响：

> 22岁时，我找到了第一份工作，做地方记者。我们有当地的媒体，从讣告到凶杀案再到国家政治，什么新闻我都写过。我自己承担了整个社区的新闻报道，我认为这些经历的确影响了我现在对待读者的方式。
>
> 我觉得这些经历的影响始终伴随着我。我认为我们在网站上所做的就是新闻报道。我将其视为商业新闻，而不是一次性的东西。从很大程度上来说，我们的内容始终围绕着信任：将有意义的事实置于上下文中；讲真话；实事求是，核实我们所说的每一句话。今天，我们所说的一切都要有数据支撑，或者如果没有数据支撑，我们会清楚地表明，这是我们的观点或作者的观点。

我们必须在8秒内吸引读者，因此要将最重要的信息放在故事开头。我们的故事采用倒金字塔结构。记者学校里教过这个技巧，非常简单易懂，但我认为营销人员都没有掌握这一点。

精彩内容离不开严谨的结构，这个结构有道德指南，实际上，它针对的是引发人们共鸣的真相和事实。

我们的所有内容都有共同的根基。每一篇内容都要遵守这种理念，为此需要做大量的工作。

制定新闻工作流程

效率是每个新闻编辑室的立足之本。只有具备清晰的结构和计划，并严格遵守工作流程，才有可能源源不断地创造出质量稳定的内容。这一点对于小报性质的内容和深度内容都适用。有了这样的结构，任何内容发布者都能创造出一系列内容，并且有能力应对突发新闻。这种结构有助于挖掘持续反映组织性质的特色故事与品

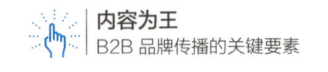

牌故事。

即使你没有条件组织一个专门的新闻编辑室来进行内容营销，也可以将某些资源集合起来，持续不断地（每天或每周）创造内容。你只需要制订计划，然后坚持执行计划。

> **新闻编辑室小贴士**
>
> 限期完工
>
> 设定严格的截止日期，这是最能激发效率并高效利用资源的方法。如果在规划组织内容时能够设定截止日期，并如期完成工作——即使是为了完成你本人的目标——组织内部便能建立一个更高效的体系和流程。

设置合理的体系，并遵循该体系输出内容。无论体系大小，都要确保自己有条理，有严格的计划、流程和人员保障。这样，一个体系就能够最大限度地提高效率，有效地管理资源并提供高质量的内容流。

不仅要引起注意，还要引起兴趣

这听起来似乎是一句废话，但是如果你希望与不同的受众讨论各自行业中困扰他们的问题，就必须了解你们要谈论的是什么。你（和你的团队）需要了解正在影响世界的问题和事件。尽量熟悉你所从事的专业技术领域。能够写出"视野"宽广的故事（发展管理方面的思想领导力或领导技能）固然好，但这也不能改变一个事实，即你所写的内容始终以我们周围的世界为背景。

如果你正在寻找新闻工作的秘诀，请记住以下几项举措：

- **多订阅，多阅读**：提高阅读的广度和深度。保证自己有可靠的新闻与信息来源。精通政治学和经济学，并熟悉当前复杂的商业环境。

- **与内部人员交流互动**：组织内的专家是非常容易接近的一个群体，他们可以帮助你了解某个行业。尽可能与他们交谈，阅读他们的评论、报道、文章和社交媒体帖子。

- **掌握专业技能**：即使你所在的岗位负责传播或营销，你也要具备关键领域的专业技能与兴趣。如果企业内有写作团队或自由记者团队，你要成为和他们一样的专家。订阅专业的B2B报刊，及时更新你的知识储备。
- **参加业内活动**：专业的B2B活动最能唤起你对某个行业的知识和认识。每年都有成千上万的活动可以参加，但最重要的业内活动通常具有极高的知名度，能够吸引不同领域的重要思想家。参加这类活动是非常有价值的投资。

反应敏捷

我们在晚间新闻简报或网络新闻页面上看到的大部分内容实际上都是经过精心策划的，例如总统的访问、里程碑事件的庆祝活动、日记体故事或研究发现。

除了这些计划好的内容外，新闻编辑室还要应对当天的突发新闻。在新闻编辑室里，一篇报道会随着收集到的每一条新证据或见解而改变。当受访者透露新信息时，焦点也会发生变化。因此，速度与收集事实和理解事实的能力一样重要。

作为品牌记者，你应该具备适当的反应能力和速度。这并不是说你需要对每一件事都做出反应，或者创造"突发新闻"的内容——但这确实意味着你应该了解大环境下发生的事情，以及你所在行业中发生的事情，并加以分析。关注你在公司内部感受到的变化和挑战。例如，如果世界贸易的进程放缓，将影响到集装箱、贸易、货运、供应链——在这种环境下，可以用哪些故事来反映这些挑战？

| 案例分析 |

劫持新闻（newsjacking）

"劫持新闻"是指利用当前的新闻事件，趁机推销你的品牌。如果运用得当，我们可以从新闻事件中找到全新的或者新颖的角度或故事。例如，如果知道受众正在讨论达沃斯世界经济论坛以及论坛讨论的关键问题，那么这就是参与讨论的好时机。实际上，你应该积极地从这些新闻事件中寻找机会，而不是回避新闻事件。

> 最简单的"劫持新闻"的例子是在周年纪念、生日和纪念日的时候回顾过往事件，从而回顾或分析某个活动、行业或部门。

那么，如何成功地"劫持"新闻？

- **熟练**：要勤于利用事件，并在事件的基础上创造故事——尤其是负面事件或破坏性事件。如何利用新闻事件、纪念日、周年纪念或热门话题为品牌开发丰富的素材？你必须具备洞察力和丰富的经验。

- **保持谨慎和理智**：谨慎选择引用原材料的方式，确保写作基调与报道该特定主题所需的基调相近。思考你的故事是否冒犯了他人。

- **快速**：快速发布你的内容，确保充分利用现有的任何对话和趋势，蹭热度要迅速。

- **熟练使用搜索引擎优化（SEO）**：使用谷歌搜索和其他工具，比如AnswerThePublic[4]——一种数据可视化工具，可以从谷歌搜索的众多结果中获取和映射关键词建议和预测。一旦确定搜索目标，深入挖掘这些关键词，或其他相关的语词。

连贯性、长期投入与思维敏捷

在一般的新闻编辑室中，新闻制作系统很少会发生故障，也很少有休息日。那些从事新闻工作的人很快就习惯了这种"永远在线"的方式，这也是品牌记者应该效仿的模式。

对内容分发以及与受众互动来说，这种方式并非"一劳永逸"。你需要倾听对话并做出回应。有些人可能称之为"思维敏捷"，但无论你怎么称呼它，你都要将向受众讲述的品牌故事视为生命。

在制作品牌内容时，连贯性与长期投入至关重要。这是一个漫长的过程，是营销组合的一部分，因此需要长期投入时间与资源。品牌内容不可能在一夜之间就奏效，但它将随着时间的推移，逐渐与受众群体建立有机联系。

有些公司能够发布优秀的品牌新闻内容，从它们身上可以看到，有组织的投入能够创造、发布并放大内容，吸引潜在客户接近品牌。自媒体平台是发布品牌新闻内容的主要阵地，但付费媒体、赢媒体[①]与社交媒体也可以用来发布故事。

重视质量而非数量

崇尚品牌新闻效益的组织通常会以数据和洞察为基础，以规模化的方式制作并发布品牌新闻。

但是，你应该发布多少文章或内容来吸引并维护受众？在理想情况下，我们应该有足以生产大量内容的预算，但事实上，我们的预算和资源十分紧张。一般情况下，在英特尔的iQ平台尚未关闭时，平均每周只有三篇文章被上传至该平台——重点在于文章的质量而不是数量。思爱普的"客户参与和商务的未来"（Future of Customer Engagement and Commerce）网站平均每周发布五篇文章。此外，世界经济论坛每天会发布大量内容。

需要注意的是，最大规模的品牌内容发布平台也会关注文章的质量——因为高质量的内容可以不断更新，或者作为常青内容反复使用（如果你的品牌难以投入大量成本开发原创内容，那么高质量的内容可以加快你的内容发布节奏）。即使是对品牌感兴趣的读者，也会在阅读了五到七篇内容后才进入购买流程的"支持或了解"阶段，换句话说，这些读者要阅读五到七篇内容后才会成为潜在客户。[5]

因此你必须定期提供新鲜有趣且品质上乘的品牌新闻，保持受众的持续参与。在与内容营销专家罗伯特·罗斯的交流中，针对B2B品牌可以从哪些方面改进内容开发以及内容发布的方法，罗斯发表了自己的看法：

> 大部分品牌都忽略了一点，即它们没有建立一个平台。这些品牌没有发布内容的阵地。它们没有以内容为"重心"。这些品牌只是在自己的网

---

① 赢媒体是指品牌借助持续的沟通与互动，赢得权威媒体主动的报道、用户主动的社交分享，促进品牌与产品的认知口碑与行动转化。——编者注

站上建立了一个又一个分散的内容资产。

人们不会订阅个别内容。他们会订阅可以持续获得的内容。这就是创造和培养受众群体的意义，但老实说，大多数品牌都没有做到这一点。

大多数品牌将内容视为推动交易的资产，这种交易可能是注册或加入营销数据库。品牌称之为"受众"，但他们还不是受众，只是为获得一篇内容而做交易的人。

统一的基调、式样和风格

每一个新闻节目都有所差异，其观点、侧重点或价值观也各不相同；同样地，企业发布的内容也必须体现品牌或公司的特点。因此，你所生产的内容基调与式样——无论通过哪一种渠道——必须体现品牌的价值观，吸引你的目标受众。一旦确定了基调与式样（秘诀之一是先写一个简短的段落来解释你打算用内容做什么），你必须确保它们始终一致。一致性是指基调、语言和设计的一致性。这不仅能使内容具有凝聚力，还能确保内容在每天的信息洪流中脱颖而出。

创造故事的方法

优秀的品牌新闻都会运用一些讲故事的技巧，在创作第一篇文章、第一个视频或第一个播客之前，你需要先了解这些技巧。

步骤1：心中有受众

你的故事应当映照出你所面对的受众的影子。你的故事应当反映受众正在讨论的事情以及他们关注的问题，或者他们所面临的挑战。心中有受众，并不仅仅是思考"我们希望讲述什么样的故事"或者"我们想传达什么样的信息"，而是关注以下关键问题：人们会被故事中的哪部分吸引？我们如何传递这样的信息？

要回答这些问题，必须先了解受众的需求和喜好，以及他们对事物的不同反应。不存在一刀切的方法。

创建受众角色模型

从传统上来说，为了区分不同的受众并保证与受众的价值观保持一致，你可以为受众创造角色模型（personas）。从理论上来说，创造一个角色模型最简单的做法就是明确各项细节：他们是谁？从哪里来？年纪有多大？承担了哪些社会角色？

> **创建角色模型——起点**
>
> 角色：关于社会角色、公司、公司规模、公司类型与地点等关键信息。
>
> 人口特征信息：年龄、性别、收入、婚姻状况、居住地、工作地、家庭规模、受教育程度。
>
> 地位与挑战：工作或社会角色的目标与挑战；我们或供应商应对这些挑战的办法。

但是，请记住，这些事实还不足以清楚地显示一个人的动机。通过下列方法可以让角色模型更加丰满：

- **定量研究**：在理想情况下，你可以利用来自销售团队和组织的研究，并根据使用数据和归档数据，了解你要与谁交流、对方有哪些习惯、他们在哪里进行互动（是线上还是线下），以及他们这么做的原因是什么。

- **定性研究**：与客户进行访谈，这样可以更加精确地了解与你交流的人以及对方的需求和价值观。你也可以更加清晰地判断出他们会对哪种信息和内容感兴趣。在必要的时候更新研究。

- **第一人称视角**：选取一些目标受众，浏览他们的社交媒体页面，了解他们在什么时间向谁分享了哪些内容。根据他们点赞或评论的故事，了解他们重视什么。这种方式可以帮助你进一步了解他们的世界观。

如果将受众放在第一位，你就会一直把他们置于故事讲述的核心，当你需要不断增加受众时，也能保持内容的质量。你的目标是培养社交媒体营销顾问兼作家马克·谢弗（Mark Schaefer）所谓的"阿尔法受众"（alpha audience）[6]——"位于社交媒体分享'食物链'顶端的精英群体，是企业发展的基石"。

谢弗认为，这些"阿尔法受众"会积极地与你互动，即使只是在社交媒体上分享内容，也能建立我们所渴望的东西——信任。谢弗说："如果说'阿尔法受众'是一支火箭，那么信任就是这支火箭的发射代码。信任将你与数字世界中对你最重要的人紧密相连。"[7]

> **培养受众**
>
> - 通知：成为你的受众可以依赖的信息与观点来源。
> - 分析：充分了解受众的喜好，知道哪些内容有效，哪些无效。
> - 试验：针对内容尝试新方法，如果不奏效，重新部署，再次尝试。
> - 回应：尽可能回应他人对你的内容的评论；尽量避免偏激回应。当你的社群足够庞大时，你可以让他们代表你做出回应。
> - 合作：向受众寻求指导与支持。
> - 付费：有针对性地进行付费推广，推动重要的高质量内容的传播，从而向新的关注者或受众强调你所创造的最佳内容。

步骤 2：停止滚动屏幕

你所创造的故事必须引起受众的注意。当他们在快速浏览社交媒体与网络上那铺天盖地的信息时，你的故事可以让他们"停止滚动屏幕"。究其根本，"停止滚动屏幕"意味着抓住受众的注意力。但重要的是，无论你的品牌新闻以什么形式呈现，都要具备能够引起受众注意的特征。这些特征是：

提供价值：你的内容的价值就在于提供价值。罗伯特·罗斯认为，在受众还没有意识到需求之前，你就可以在搜索阶段吸引受众的注意（并与他们建立早期的信任关系）。如果你能向受众提供有趣且有用的信息，那么他们从一开始就倾向于与你建立以信任为基础的关系。

可信：你创造的任何内容都应传达一定的信息或观点。因此无论内容长短，都应以研究与知识为基础。经过充分调查后所创造的可信的且值得分享的原创内容将通过你的目标网络传播至更远的地方。

有趣：借助社交媒体与推广活动，使用醒目的标题、清晰的图像和言简意赅的词汇来吸引受众，然后呈现方便阅读、积极向上且简单易懂的有趣文章。我将在后文中介绍故事的结构，但在世界经济论坛官方网站的"议程"板块中有一类列表结构的故事，采用简单易懂的方式，概括了在不同话题上处于领先地位的国家，往往能吸引极大的关注。这类故事阐述了深刻的见解，但简单明了，易于理解。

增加戏剧性：大胆地给内容增加一点戏剧性。在处理枯燥且细节繁多的内容时（如一些复杂的B2B话题），最有效的方式是将这些话题融入生活中。尽可能为你正在讲述的故事添加背景、观点或趣味。尽可能营造紧张气氛和英雄、挑战、决断等故事情节。如果没有，则寻找其他技巧或机制来处理。

步骤3：以人为中心

让你的故事更加具有人情味，这样可以增加信息的黏性，找到信息的切入点，从而改善你与受众的交流。

在理想情况下，你可以以他人为榜样，或者通过案例研究，找到讲故事的方法。例如，想一想是否有人能作为故事的例证，或证明你想表达的观点以及它对真实受众或人群的影响。在后文中，我会详细阐述故事结构以及如何以人为例。

> **新闻编辑室小贴士**
>
> **个性化**
>
> 对世界经济论坛官方网站的"议程"板块来说，成功的标题往往短小精悍，经过反复斟酌，注重个人体验或活动对人的直接影响。例如，它会用像"你与孩子交流的方式可以改变他们的大脑"这样的标题[8]，或者对某个人做出评价的标题，如"克罗地亚总统在世界杯上向世界展示领导力"[9]。

即使你对自己的"品牌记者"的身份不够自信，掌握新闻编辑室的技巧也可以帮助你完成一流的内容营销和内容创造。在创造内容之前，首先要制定策略，了解你的资源，选择最适合目标受众的模式和平台。

第三章

制定讲故事的策略

第三章
制定讲故事的策略

优秀的品牌新闻故事本身就是很好的证明。这些品牌新闻在客户旅程开始时就发挥了关键作用，帮助品牌挖掘潜在客户，并巩固现有的客户关系。此外，品牌新闻也能赢得品牌拥护者，并帮助品牌将受众逐渐转化为客户。

同样地，好故事不易得。正如前几章所说，故事需要吸引合适的客户群，直接与受众互动（通过基调、形式或价值观），此外，故事必须规模化，以帮助客户完成买家采购周期。

但最重要的也许是，任何一个品牌新闻旅程都必须有一个明确的策略，这是它的核心基础。

对于尚未借助品牌新闻进行销售的品牌来说，利用记录文件也有助于向组织内部的高级利益相关者推销你的概念——这些利益相关者负责批准预算，有了预算，你才能实现雄心壮志。

制定方法

为了支持客户销售旅程，品牌新闻必须服务于品牌的整体目标，以及具体的战术或活动计划。最好的策略是采取循序渐进的方法，如图3.1所示。

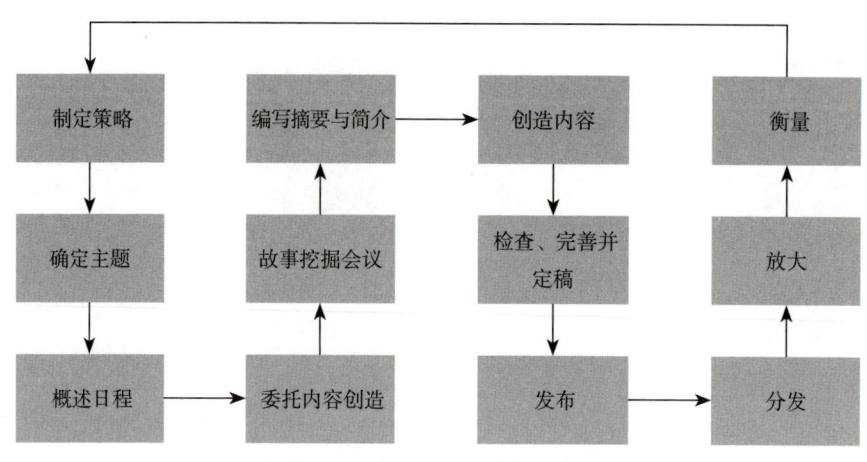

```
制定策略 → 编写摘要与简介 → 创造内容 → 衡量
   ↓            ↑              ↓         ↑
确定主题    故事挖掘会议    检查、完善并定稿   放大
   ↓            ↑              ↓         ↑
概述日程  →  委托内容创造  →    发布    →  分发
```

图3.1 创造故事：一个持续的过程

明确目标

制定以品牌新闻为基础的内容营销策略，可以帮助品牌逐渐与受众建立密切关系。通过讲故事的方式建立有意义的线上联系，这并非一蹴而就的事。采用什么样的方法取决于你想实现什么样的目标。也许你想改变外部利益相关者与受众看待品牌的方式，也许你想改变人们对品牌的认知，抑或让品牌打入一个全新市场或生产新的产品。

在开始之前，你应该思考以下问题：

- 我们希望通过内容策略实现什么目标？
- 这个内容策略在我们的总体营销规划中起到了什么作用？
- 实施计划时需要哪些合作伙伴的配合？
- 关键的利益相关者是谁？他们如何参与实施该策略？
- 如何靠内容扩大传播计划？
- 你希望受众思考什么，有哪些感受，采取哪些行动？

- 内容要在多长时间内发挥作用？
- 该内容如何与长期目标和短期目标相适应？
- 如何判断内容是否取得成功？

具体操作方法请参考图3.2。

品牌目标
品牌的首要信息

内容目标：内容的具体目标
例如利用内容树立品牌声誉，在所有客户群中开启以内容为主导的客户旅程

内容策略

创造有意义且与品牌相关的故事，建立信任，引发共鸣。故事应当符合受众的需求与兴趣	围绕关键信息与证据要点构建内容，通过内容分发形成内容主导的品牌体验	借助相关的社交媒体放大内容，以传播品牌信息，并推动受众完成销售旅程

概述市场与目标受众	研究受众需求与消费情况	确定内容核心与旅程	向目标平台分发内容	对照关键绩效指标（KPI）与结果进行衡量

工作流程
资源与合作伙伴：内部与外部

图3.2 制定内容策略

随着品牌新闻的发展，其目标可能会有所改变，不仅要在客户旅程开始时发挥作用，还要支持与销售团队和营销团队的合作，或满足更加明确的需求并挖掘潜在客户。因此，持续审视和评估目标，判断目标是否能支撑整个客户旅程，这一点至关重要。

| 案例分析 |

英国森特理克集团（Centrica）

森特理克集团是一家跨国能源供应商，总部位于英国。该公司成立了

> 一个名为"故事"（Stories）的品牌新闻中心，旨在扩大品牌声誉，摆脱传统公用事业的形象。为了实现去中介化，并控制品牌信息传递至目标受众的方式，该公司采用了一系列方法，其前任数字通信主管劳拉·普莱斯（Laura Price）这样解释道：
>
> 森特理克集团必须寻找一种新方法，来接触我们希望对话的受众，无论是投资者、政治人物，还是媒体。对我们来说，这是调整信息传播方式的自然途径，因为从本质上说，我们越来越难以将媒体当作代言人。通过数字平台你就可以完全控制信息，这与传统渠道截然相反。在传统渠道中，你与记者交谈，之后记者会发布他们想写的故事，或者他们认为能够使报纸畅销的故事。
>
> 我们采用了与以往完全不同的方法。这种方法对森特理克集团来说是完全陌生的。我们从未讲过故事，只报道过企业新闻。森特理克集团希望在与新兴技术公司的竞争中获得一席之地。

将讲故事和品牌新闻内容贯穿整个销售旅程——但要关注讲故事和品牌新闻内容在哪些条件下能够发挥最大影响。

麦肯锡的研究表明：

> B2B公司应当进一步了解当前的消费者决策历程（Customer Decision Journey, CDJ）。以往的销售漏斗模型认为，客户的购买过程是线性的——客户接收信息、缩小选择范围、购买之前仔细确认，最后提交订单——而消费者决策历程模型摒弃了购买的"漏斗"形式，认为决策过程并不是线性的，购买后的阶段与该过程的其他阶段同样重要，甚至更加重要。

麦肯锡的研究告诉我们，内容需要吸引并影响各种各样的利益相关者，从"陌生人"到"购后买家"（表3.1），他们的需求、要求与问题各不相同。这说明，客户购买了你的产品或服务之后——通常经过很长时间——超额促销和留住客户同样重要。此时就需要及时、定期发布故事，让买家和客户产生共鸣，以巩固他们的购买决策，并鼓励他们在自己的网络上分享内容——此时他们就成了品牌的代言人。

表3.1　品牌新闻在客户旅程各阶段的演变

客户旅程的阶段	品牌新闻的作用	内容建议
认知前与认知阶段	将内容传递到广大目标受众及其社交网络中。受众会在自己的社交网络中分享这些故事吗？	输出观点的普通文章，分析趋势，讨论全球性话题，可采用视频的形式。 能够体现洞察力的思想领导力和观点类内容，采用播客和直播，或现场活动报道等形式。 有关个人价值的故事可以使潜在客户了解组织的高级领导层。 篇幅较长的文章和白皮书可以吸引专业受众
兴趣阶段	内容必须吸引他人，从而建立品牌认知。我们与受众的价值观和方法论是否一致？	以商业为中心和以话题为中心的文章、白皮书、视频和电子书，有助于销售与电话推销。 通过社交媒体对具体事件、活动或目标商业领域进行现场报道
考虑阶段	让客户真正开始考虑你的品牌，必须证明品牌已理解客户需求、客户想解决的问题和信仰体系。 为了建立信任，品牌和个人必须有一致的价值观、信仰和期望	通过社交媒体持续分享观点，阐述案例研究与证据。 持续通过电子邮件发送时事通讯，定期向细分受众提供品牌新闻故事摘要。 持续通过社交媒体进行发布、定位和分享等操作，以放大你的信息
购买阶段	为了让客户下单购买，品牌必须让他们相信品牌的价值	举行在线研讨会、现场活动，针对技术细节和问题的具体案例进行研究与论证。 通过试用，面对面销售，提供产品小样、常见问题答疑与说明书，展示更多细节，打消客户疑虑
购买后阶段	品牌需要以超出客户预期的行动证明客户做出了正确的决策。尽可能培养新的关系，将客户转化为品牌拥护者	继续用个性化的相关材料进行邮件营销，告诉客户当前正在进行的创新、研究与变化。 继续强化企业价值观与信仰，激励客户成为品牌拥护者，并与客户共同进行品牌建设或案例研究。 在社交媒体上发布播客和现场报道，告诉客户我们在业内和有影响力的全球性活动中取得的新进展

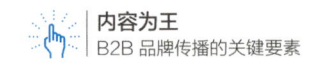

内容原型

如果你认为对于品牌新闻和内容营销而言，销售漏斗与客户旅程的结构化程度过高，你也可以采用其他方法。战略咨询公司奥特米特集团（Altimeter）将内容策略划分为五种原型[1]，以此来区分不同内容的用途或意义，下面五种内容原型可以代替销售漏斗或客户旅程模型。

展示型内容：该内容的重点是证明品牌知名度。品牌拥有庞大的受众，内容题材宽泛，且具有普遍的吸引力。世界经济论坛采用这种方法，批量发布内容。

媒介型内容：从专业角度或个人角度来看，这种内容具有一定的价值，能为受众提供支持，帮助他们在生活中做决策，从而使品牌成为一个值得信赖的合作伙伴或思想领袖。例如，决策咨询公司麦肯锡在网站上将思想领导力摆在突出位置。公司会根据多个专业部门所做的研究定期发布高质量的内容。商业数据公司邓白氏公司（Dun & Bradstreet）也在官方网站的"观点"（Perspectives）板块定期发布"面向商业领导者的专家观点"[2]，内容聚焦销售与营销技能、数据管理、采购与合规问题。

窗口型内容：企业讲述有关员工或产品的故事，向受众展示其透明性，增强其可信性。这是在受众中树立品牌信任的重要方法。越来越多的品牌开始注重品牌宗旨、建立信任，并展示企业文化，在未来，这类信息将在关键信息的传播中发挥更大的作用。

社群型内容：企业建立平台，供社群进行讨论、互动，并对企业创造的内容做出回应。美国运通公司（American Express）的内容网站"开放论坛"（Open Forum）是社群建设的标杆，它以内容为基础，向成千上万的小企业客户和成员提供支持与指导。该网站已被并入美国运通公司官方网站的"商业课堂：趋势与观点"（Business Class：Trends and Insights）板块，继续为目标受众创造价值。[3]

支持型内容：这样的内容具有一定的教育意义。从性质上来说，它侧重于"怎么做"，针对的是具体的需求。这类内容可以作为网站的"保健因素"，补充保留策略，围绕当前客户可能遇到的关键问题提供战术信息。

了解你的受众

无论你希望实现什么样的目标，都必须清楚是谁在看你的品牌新闻和故事。对于任何内容，你都应该在大脑中思考 "为什么目标受众会对我们所说的内容感兴趣"，或者"我希望受众思考什么，有什么样的感受，以及怎么做"。

正如上一章所讲，要回答这些问题，首先要确定客户的角色和需求，并将他们与你自己的商业理想联系起来（例如建立信任、提高声誉、缩短交易时间）。这样一来，你才能决定优先考虑和关注哪类内容，从而最大限度地满足双方的需求。

如我们所知，这不仅仅需要列出目标受众的人口特征或数量特征。最关键的问题是，对目标受众来说，最重要的是什么。如果你想创造出能够引起人们共鸣的故事，就需要了解他们的个人驱动力、信仰和挑战。在这方面有很多可用的技巧。

挖掘受众信息

通过一系列信息（例如需求状态、在销售旅程中所处的阶段、社会角色、挑战与人口特征）了解受众固然不错，但你需要深入地挖掘，从而建立更加全面的认识。例如，你的受众对哪类事件感兴趣？或者，哪些内容可以激发他们的积极性？

为了全面了解受众，你可以跟踪目标受众在社交媒体上的活动，看看他们分享和评论了哪类内容。现在出现了一门关于"社交媒体分享心理学"的新兴学科，例如，最近《纽约时报》（*New York Times*）与客户洞察集团（Customer Insight Group）和纬度研究公司（Latitude Research）所进行的研究。此前有研究显示，社交媒体内容分享的三个主要类型是博客文章、视频和评论。因此，研究关键目标受众的推特和照片墙（Instagram）账户，并将内容导出到电子表格中，这样一来，你可以查看关键词、常用短语和反复出现的评论。我们将在下一章详细分析如何了解受众。

但是请记住，你的目标不是推销产品、介绍新品发布或播报公司新闻；你要做的是与受众的兴趣和需求相一致。

关注价值创造

你的目标不仅是用故事和品牌新闻为核心受众服务（如图3.3所示，受众一般可分为核心受众、关系受众和一般受众），还要提供内容——这些内容将成为客户体验的一部分，并且将其分享到更大的网络中，从而在不同的舞台或网络中强化你的品牌信息。

吸引受众的最佳方式是向他们提供一些有价值的东西。根据2018年奥特米特集团的调查，高价值内容是指能够帮助客户做出决策（个性化且专业化），同时将品牌提升为行业专家的内容。这类内容最适合那些来自银行、医疗保健和科技等服务型行业的受访者。[4]

因此，选择人们需要或希望获得知识或观点的领域，或从更广泛的商业层面上

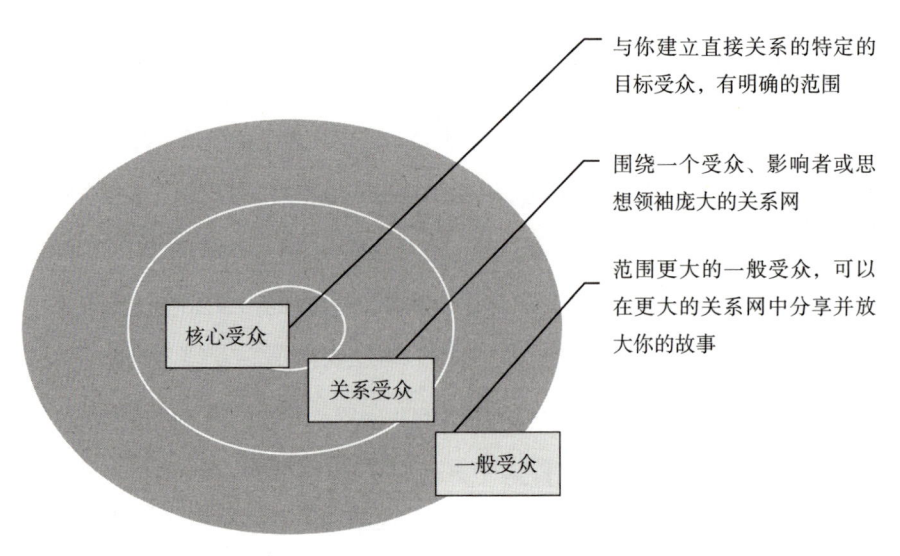

图3.3　了解你的受众

- 核心受众：与你建立直接关系的特定的目标受众，有明确的范围
- 关系受众：围绕一个受众、影响者或思想领袖庞大的关系网
- 一般受众：范围更大的一般受众，可以在更大的关系网中分享并放大你的故事

来说，人们面临特定挑战或痛点的领域。因此，公司——甚至是那些以销售服务或产品为根本目的的公司——都有机会成为可靠的信息来源。全球知名营销数据公司Demand Gen进行的"2019年内容偏好调查"发现[5]，大约90%的受访者认为供应商的内容是值得信赖的，而68%的受访者表示，他们希望内容可以按照问题、挑战或痛点进行分类。

如果你的目标是利用品牌新闻，在尚未进入销售漏斗和已到达顶部的客户中建立品牌知名度，那么内容的选择范围会更广，你可以从中挑选出受众可能感兴趣的部分。你的最终目标应该是通过一个引人入胜的故事来激发人们的兴趣。

围绕特定主题的内容

将内容按主题进行细分，可以方便受众浏览，也能更加有效地推广内容。与其按组织的内部结构或部门来划分主题，不如从受众的需求、群体或垂直市场出发。

以下是几个技术和金融服务企业的B2B内容中心，它们将内容细分为不同的主题，以反映具体的垂直市场、受众的需求或挑战。在理想情况下，主题不能只局限于企业内部结构或部门，否则难以体现驱动受众的关键因素：

怡安集团（Aon）的"简报"（The One Brief）：[6]该网站发布的内容以"全球最紧迫的商业问题"为主题，包罗万象："资本与经济"板块涵盖了行业变化宏观趋势，"个人与组织"板块涵盖了劳动力与福利的趋势，"风险与创新"板块涵盖了全球商业面临的挑战。怡安集团的"简报"运用各种媒介形式（图片、视频、原创设计），并在每篇博客中使用社交媒体分享工具，以此鼓励目标受众进行分享。

日本富士通公司的"首席信息官的全球情报"（I-Global Intelli-gence for the CIO）：[7]该网站涵盖商业问题与针对商业和技术趋势的点对点讨论，以吸引首席信息官（CIO）或他们的影响者关系网。内容可以分为战略、管理、创新与思想领导力（被称为"宏观思想家"）。

思爱普的"客户参与和商务的未来"：[8]该网站的内容可以根据主题分为商

业、客户体验、服务、销售、市场营销与宗旨。其中一些内容与思爱普的产品密切相关，但有一半的内容都聚焦于对一些宽泛领域（销售、服务、市场营销）的认识和理解；与此同时，由于人们对品牌宗旨感兴趣，因此内容还涉及多样性、性别平等与普遍的思想领导力等话题。

统一风格

品牌的表达风格（口头或书面）可以充分体现它是一个什么样的品牌。任何品牌记者都应找到合适的风格——与你想创造的形象相契合，且与现有风格指南不冲突，并始终保持统一的风格，以找到他们想要的切入点。企业可能已经形成了一定的记录风格——经由传播团队或营销团队发展，是企业传播工具包的一部分——但是，根据企业在品牌新闻方面的新目标，这样的风格可能需要进行一定的调整。

如果你需要重新开发一种方法，应该考虑以下几个方面，见表3.2。

表3.2　调整风格需要考虑的因素

因素	详细内容
基调	基调是指说话的方式，它往往会受你的价值观的驱动或引导。如果你有人情味、平易近人且注重效率，那么你与受众接触时可能会采用轻松直白的方式。 你可以像邮件猩猩（MailChimp）一样，努力像一个"经验丰富又有同情心的商业伙伴"一样说话，不必太把自己当回事，在语言中增加幽默元素。[9] 你的品牌可能也需要智慧和创新。无论需要什么，都要保证内容包含或反映了你所创造的所有内容的关键词或格言。 可以考虑创建一个"可用"词汇列表，列出在品牌写作中可用的词汇，再创建一个"不可用"词汇列表，列出不符合指导方针的词汇
语言	你的内容针对什么层次的受众？ 谁将阅读你的内容？他们喜欢什么样的基调？ 请记住，你的内容必须具有可读性，易于理解，并且方便人们"无摩擦共享"。 建议尽可能使用易懂的语言。与阅读标准印刷品相比，人们在网上的阅读速度更慢。因此你要尽可能使用短句和直白的语言，同时保证精准地传达信息

续表

因素	详细内容
技术性细节	你想在内容中涵盖多少技术性信息？或者，针对某一个主题的内容详细程度有多高？ 尽可能避免使用技术性语言。如果你在创作技术相关的内容，显然需要涉及技术细节。但是，如果你的内容只涉及一般话题，或者是与普通受众相关的全行业内容，那么你需要限制技术性内容，并在必要的时候附加术语表
本地化与翻译	很多市场需要将内容或故事"本地化"，以反映该地区的真实问题。你需要为特定的受众定制符合其需求的本地化内容。 "本地化"并不仅仅是将你的内容翻译成当地语言，而且是针对具体的地点，重新创造或编写内容与故事。在为不同的地区创造故事时，也可以使用基础模板，然后加入本地化的内容和基于当地的见解

思爱普的客户体验内容中心——"客户参与和商务的未来"，在成立之初就确定了明确的"风格"，艾米·哈奇在接受我们的采访时说：

> 该网站之所以能取得如此成功，原因之一在于，网站的风格具有个性化。当你阅读其中的内容时，会完全被它吸引，这些内容富有人情味，读起来不会感到枯燥乏味，还可以感受到内容的真诚和真实。我们不会进行任何伪装。
>
> 该网站全方位地展示了我们的团队。这样做可能是一把双刃剑，因为你必须确保执行这一策略的人具备同样的思维方式，但我们的团队成员之间的确产生了特殊的"化学反应"。组织内的行业专家多年来也积累了丰富的知识。这是一个漫长的过程，所以必须有一个接受过充分训练的领导者，且他必须能够理解你们在做什么。

找到自己的节奏

如果你希望自己的内容能够得到最大程度的传播，就必须找到能引发目标受众共鸣的主题。通用电气公司（GE）的内容营销中心"通用电气报告"（GE Reports）主要关注航空、数字化、医疗、能源与先进制造——这些内容都属于"创新"主题。以总编托马斯·凯尔纳（Tomas Kellner）[10]为首的团队在"通用电气报告"板块上发布内容和时事通讯。托马斯表示，与通用电气公司有关的重大主题的故事往往能够引发最热烈的反响，例如气候变化与可再生能源等。由于故事涉及时事且范围宽泛，因此他认为自己的竞争对手是《华尔街日报》（*Wall Street Journal*），而不是来自其他商业竞争对手的内容。

形式不分对错

虽然故事本身可能千变万化，但故事形式没有对错之分。不存在一劳永逸的故事组织方法。

如果你已经开始创造内容，那么你可能已经知道哪些内容有效，哪些内容无效。受众可能更喜欢看视频而不是文字，或者他们对播客特别感兴趣，喜欢通过播客了解专业观点。现在你可以详细对比短视频和长视频的效果，分析哪种类型的文本更受欢迎。

如果你还没有开启品牌新闻之旅，那么你需要在推进品牌新闻计划的同时审视内容，试验不同形式的受欢迎程度。可以从读者数量、完成时间和单个页面的跳出率等方面衡量内容的吸引力和受欢迎程度，此外，还要确定关键的分享指标。请记住，你的最终目的是鼓励受众"无摩擦"地分享内容。

一般来说，视觉内容和视频越来越受欢迎，因为这样的内容十分有趣，易于理解（和分享）。我们将在后面的章节中详细讨论这类内容的优点。但在这里，你只需要大体思考一下你将创造什么内容，不要只注重文本内容。

定期发布内容

在理想的状态下，你需要定期向网站输送内容——通常称为"鼓点内容"（drumbeat content）——同时辅以重点突出的小规模"活动"，这些活动一般基于关键主题、目标受众、事件或结果。

在现实中，内容的发布频率取决于资源和预算，但规律的内容发布的确能培养读者群。在考虑自己的"鼓点"时，你需要思考如何安排常规的"鼓点内容"。此外，还要思考如何安排偶尔出现的主题素材以及具体的活动（图3.4）。

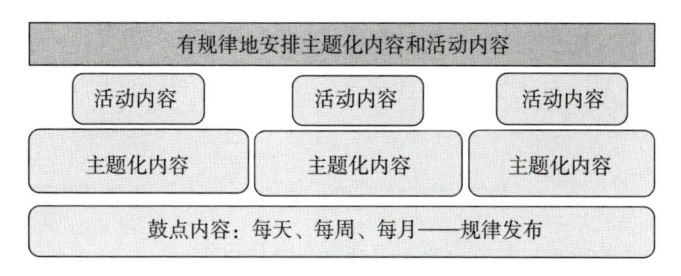

```
┌─────────────────────────────────────┐
│   有规律地安排主题化内容和活动内容      │
└─────────────────────────────────────┘
  ┌──────┐  ┌──────┐  ┌──────┐
  │活动内容│  │活动内容│  │活动内容│
  └──────┘  └──────┘  └──────┘
  ┌────────┐┌────────┐┌────────┐
  │主题化内容││主题化内容││主题化内容│
  └────────┘└────────┘└────────┘
  ┌─────────────────────────────┐
  │鼓点内容：每天、每周、每月——规律发布│
  └─────────────────────────────┘
```

图3.4　鼓点内容是规律输出的核心

有规律的鼓点内容

"鼓点"是以你自己的速度和节奏持续产出内容的"脉搏"。在理想情况下，你可以每天向内容中心或博客网站发布高质量的内容（就像在新闻编辑室一样），但许多品牌的现实情况是，每周只能发布一篇高质量文章，只有规模较大的品牌才能发布更多的内容。

随着时间的推移，你可以建立一个素材档案，然后重新利用并发布曾在受众中引起强烈反响的内容，必要时可以利用最新的社交媒体内容对其加以放大。通常情况下，存档的素材可以补充搜索引擎优化活动，并继续吸引有意义的流量。

在理想情况下，鼓点内容构成了解决受众关键问题或需求的故事，但可以在素材库中保存一段时间。文章和时事博客是大多数鼓点内容的基础。这些内容的创造具有一定的成本效益，可以适应有规律的节奏。但是，鼓点内容也可以是视频、播客或长篇文章等你乐于接受的形式。

策展

如果你想为内容中心提供大批量的内容，可以尝试一种更加合算的方法，即对来自战略合作伙伴的内容进行内容策展。内容发布的合作伙伴是重要的资源，应该具有以下条件：你认为他非常适合你的品牌，且他所创造的内容类型非常适合你的内容中心或网站。在理想情况下，你也可以用自己的原创内容进行内容策展。如果要对其他来源的内容进行策展，你需要考虑以下关键因素：

品牌一致性：你要发布的内容是否契合品牌的愿景和价值观？

增值：内容能否向最终用户传递观点？该观点是否与你的内容中心的理想和使命一致？

质量：内容是否经过精心撰写或编辑，且定期发布？你能否对该内容进行调整、重写或进一步编辑？是否需要完整地发布整篇内容？

推广：合作伙伴希望你在发布该内容时进行哪些推广？

如果你的网站成为吸引关键受众的独立的内容中心，从而广受欢迎并大获成功［例如奥多比公司（Adobe）的CMO.com］，那么其他品牌可能会主动为你提供内容，希望借由你的平台发布品牌内容。世界经济论坛官方网站的"议程"板块已经建立了一个数量庞大且质量上乘的受众群体，而幸运的是，网站已与全球思想领袖、协会和学术机构达成内容发布协议。因此论坛每天的文章储备达到600多篇，可以从中挑选出符合质量标准与内容标准的文章予以发表，从而满足内容数量的需求。

主题包

除了定期发布鼓点内容之外，你也可以针对具体主题、挑战或焦点领域准备额外的内容包（图3.5）。内容包可以以提升销售量为目标，或者以产品为中心，用大量的新闻信息吸引读者进入销售漏斗。

第三章
制定讲故事的策略

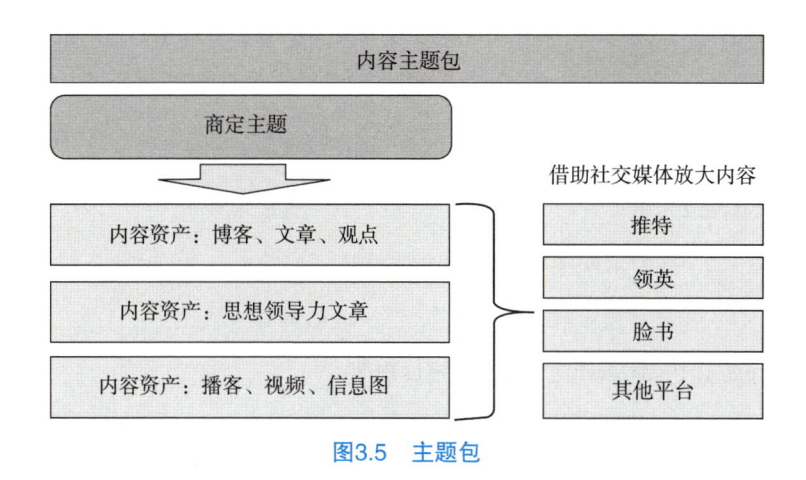

```
┌─────────────────────────────────────┐
│           内容主题包                 │
└─────────────────────────────────────┘
   ┌──────────────────────────┐
   │        商定主题           │
   └──────────────────────────┘
              ↓                         借助社交媒体放大内容
   ┌──────────────────────────┐   ┐  ┌────────┐
   │内容资产：博客、文章、观点 │   │  │  推特  │
   └──────────────────────────┘   │  ├────────┤
   ┌──────────────────────────┐   │  │  领英  │
   │内容资产：思想领导力文章   │   ├─ ├────────┤
   └──────────────────────────┘   │  │  脸书  │
   ┌──────────────────────────┐   │  ├────────┤
   │内容资产：播客、视频、信息图│  │  │其他平台│
   └──────────────────────────┘   ┘  └────────┘
```

图3.5　主题包

也可以利用企业的核心思想或焦点来开发作为企业"基石"的内容。然后，将内容"原子化"或分割成更小的、易于理解的内容片段，在目标受众所在的渠道中，这些内容片段将通过免费或付费的手段进行放大。企业家加里·维纳查克（Gary Vaynerchuk）在其内容和客户身上全面应用了他称之为"中心模式"的方法。他解释说，他会从一段核心内容开始——通常是一段视频——然后团队会根据这段内容创建几十段较短的内容，并根据不同平台的特点选择内容上传。

但是，请记住，你的方法应当具有一定的灵活性。因为渠道与形式总会变化，且数量不断增加，今天流行的渠道和形式，也许很快就会过时。

构建了内容并确定了创造流程之后，你可以分析哪些形式和类型的内容更适合你的受众，并据此制订未来的内容计划。建立一个内容重复使用计划表，延续常青内容的影响力，并利用存档素材。

世界经济论坛总经理阿德里安·蒙克在接受我们的采访时，解释了他的团队如何利用原始材料和有效的重复计划来发展论坛的"议程"板块，吸引全球受众：

> 如果一个故事在今天没有引起共鸣，它可能会在下个月或者六个月后引起共鸣。我们经常看到这样一些故事，在第一次发布时可能表现得不如预期，但是后来出现了与这些故事相关的事件，因而被重新赋予了生命。
>
> 最重要的是，你无法确定，也不能肯定地说："种下这粒种子，它马

上就能在这里破土生长。"这粒种子可能会被带到其他地方，并播撒在那里的土地上；可能会在风中飘扬；也可能会变成完全不同的东西。但是，如果不播种，你永远无法收获。没错，你在制作内容时承担了风险，但这样的风险是可控的，并有可能带来长期回报。我们经过五六年的实践，找到了一些经久不衰的故事。我们一开始就发布过这些故事，但现在仍会用它们与受众对话。优秀的内容可以持续不断地带来回报。

图3.6展示了品牌新闻内容发布的进度周期。

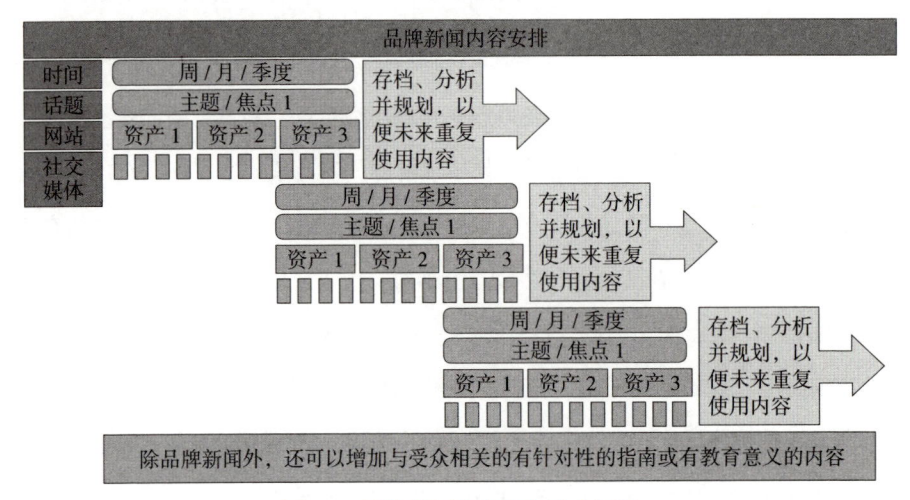

图3.6　品牌新闻内容发布进度周期

活动内容

在规律性的内容发布节奏中，一次性的活动内容可以使内容达到顶峰，并直指具体的受众。你可以根据营销或公关活动，或者行业或企业的时间线来开发这类内容，例如：

- 围绕产品发布活动或公关活动开发活动内容，确保你的故事能够得到最大程度的放大；
- 围绕关键人物的行动（例如新的CEO上任或高管变更）来创造活动内容；
- 利用外部活动推动活动；

- 利用内部活动把握时机，例如内部会议或供应商活动；
- 如果品牌即将在某一地区或市场推广或发布某特定产品，那么你可以利用该产品来组织一场活动；
- 将有针对性的活动素材与你正在讲的故事一起推出，从而为新市场的开辟提供支持。

软件公司红帽公司（Red Hat）的全球内容总监劳拉·哈姆林（Laura Hamlyn）表示，她已经改进了内容制作方法，使内容能够反映客户需求——活动内容所产生的不同效果可以反映特定客户的痛点，而常青内容可以维持受众的数量：

> 我们认为，常青内容与活动内容可以搭配使用。例如，网站通过免费方式吸引的访客会随着时间发生转变，并有可能成为最有价值的潜在客户。
>
> 我们的团队通过所谓的"销售对话"来传递信息。我们通过研究确定这些"销售对话"的主题，它们是关系到客户和潜在客户自身利益的挑战或机遇。所有营销团队都会使用这些主题，因此销售人员、营销人员以及潜在客户和客户都会接触到相同的词语和概念。
>
> 常青内容需要随着时间的推移才能建立信任、提供教育意义，成为可靠的信息来源。活动内容则具有更高的动态性和流动性，可以通过付费媒体提升品牌知名度，或作为行动号召，告诉潜在客户下一步要采取什么行动。随着数据与营销技术的进步，我们可以不断提高活动内容的个性化，反映客户和潜在客户的目标以及用户画像。

制定调适流程

我们发现，内容的发布节奏、形式、传播方式与放大总会受到预算与资源的影响。

如果预算有限，你需要评估哪类内容的成本效益最高，如何从这些内容中获得最大价值。幸运的话，还可以在销售、传播或其他为营销提供支持的领域，找到愿意支持内容策略的内部合作伙伴（并得到他们的预算支持）。一般来说，内容制作主要有三种方法（表3.3）：

表3.3　内容制作的三种主要方法

内部内容制作	很多大品牌（尤其是B2C品牌）已经开始在公司内部进行内容创作和制作。这样有助于维持公司对内容的掌控，但对一些企业来说，长期的人力投入可能是一种挑战
部分内容由内部制作，部分内容由机构或自由职业者制作	在公司内部制作部分内容——理想的做法是由公司内部进行内容调适与编辑——将价值链上的其他任务，如内容制作和创造等外包给其他机构
完全外包	确定一位服务商进行内容策划与制作，或者构建一个机构或服务商关系网，借助他们完成内容供应链的各个环节

组织需要设置一个监督部门或编辑负责管理内容流。这个单位、个人或部门将负责内容的编辑，确保内容主题契合目标受众。利用中心辐射式结构，可以在一个部门内（或由一个人）进行集中编辑，并将调适或内容创造工作移交给内部团队或外部机构。为他们提供范例有助于进行内容创造以及将内容分发给当地或区域部门或营销团队。

系统管理

无论采用什么形式，也无论内容创造的频率高低，你都需要建立一个系统对内容进行分析、指导与审查——无论是针对单个内容还是针对整体内容。对于高度网络化的组织来说，最简单有效的方法是建立一个编辑委员会或内容咨询小组（Content Advisory Group, CAG），可以是实际的独立部门，也可以是合作的部门。内容咨询小组应包括来自营销战略、传播或公关、销售和相关部门的代表，他们可以积极参与指导以下工作：

营销与公关结合：你是否充分了解市场营销与公关团队的工作？你的团队与他们的团队之间是否定期交流材料与信息，协调日程与活动？

合作伙伴与利益相关者：你是否与企业的所有相关领域建立联系，将其想法和故事纳入叙述流程？通常情况下，最大的挑战是维持企业内部的内容流，尤其是对大型跨国公司而言。通过内部利益相关者宣传企业愿景并建立一支宣传团队，有助于实现你对品牌新闻的宏伟抱负。

销售协调：你的内容是否影响了销售团队？是否有利于他们与潜在客户开展对话？这不是将内容营销作为纯粹的销售宣传品，而是利用它开启与潜在客户交流的大门。

衡量与数据：你在做的工作是否可衡量？让更多人来审查和讨论内容，并让他们提供信息、制定成功标准，从而帮助你提高投资回报率，并就结果展开讨论。

确定你想通过内容实现哪些目标——以及如何实现这些目标——只是一个起点。制定了策略以后，持续高效的内容输出的关键是制订资源计划和管理结构，使你、你的团队，或你的机构能够有规律地输出品牌新闻内容。根据成功数据和指标不断改进和审查你的方法，从而在瞬息万变的营销环境中保持敏捷的反应能力。

第四章

寻找故事：讲述重要的故事

寻找有影响力的故事

简单的B2B购买旅程已经一去不返。如今,影响潜在买家的内容远远多于过去。买家的购买过程也日趋复杂,层次不断增加,最后变成长篇大论。

因此,你的品牌必须具备不同寻常之处,且品牌所讲述的故事必须反映品牌主张的本质。你的一言一行都是相互关联的,是品牌识别和故事讲述的一部分,因此必须从一开始就明确你要讲述什么样的故事。

克服企业短视

企业最常犯的一个错误就是认为受众对他们发布的任何公告都感兴趣,或者任何新闻事件或任何新鲜的信息都有价值。企业短视会导致企业制作出不合格的内容,对其发展百害而无一利。输出新闻、发布公告都有助于促进营销,但无法与受众发展长期关系。

为了解决这一问题,你需要思考:每天你会花多少时间观看其他企业制作的内容?可能是领英上的一个视频,也可能是你收到的电子邮件。是什么让你停下了手中的工作?是什么让你停止滚动屏幕,并点击链接,阅读时事通讯之类的内容?顺着这个思路思考,找到可以应用于你的内容的叙述方式。

如何创造优秀的 B2B 故事

我们已经说过，优秀的内容要讲述优秀的故事。以"如何讲故事"为主题的博客、书籍，常常提到叙述转义[①]与叙事弧线[②]，但它们未必适合B2B的环境。有许多方法可以帮助你建构并讲述品牌故事，从而吸引受众，使其始终围绕在品牌与品牌内容周围。

奇普·希思（Chip Heath）与丹·希思（Dan Heath）在《让创意更有黏性：为何我们记住了这些创意而忘掉了另一些创意？》（*Made to Stick: Why Some Ideas Survive and Other Die*）[1]一书中强调了这一点。这对兄弟认为，要提高创意的"黏性"，需要遵循六条原则（表4.1）。

表4.1 提高创意"黏性"的六条原则

原则	实践	对 B2B 内容的意义
简洁	按照优先顺序排序并剔除无关内容，确保你的创意具有"黏性"	坚持一个观点，一个想法——你希望通过这篇内容表达什么？
意外	出乎他人的意料，吸引他人注意	找出能够吸引受众关注的细微差别、个性、类比或案例研究，加以解释或阐述
具体	用真实的案例或具体的意象来解释你的想法	通过使用案例研究、真实人物、真实案例、对比或文字图片，使内容生动鲜活
可信	"具有'黏性'的创意必须有证据支持"——这样才能让人们信服	增加佐证、引用专家的话，或给出具体的例子或案例研究；尽可能使用现实生活中的例子、数字或参照标准
情感	使受众产生某种感情——富有感情的观点可以吸引人们的关注	讲述人性化的故事，关于是非的故事，迎接挑战，解决无法克服的问题

[①] 通过比喻、拟人、夸张、反语等修辞格将叙事过程中所描述概念的本义转化引申为其他含义。——编者注

[②] 指"开端—发展—高潮—结局"形成的一段完整叙事线。——编者注

续表

原则	实践	对 B2B 内容的意义
故事	提供示范和激励，以此帮助我们行动	通过鲜明的叙述风格或清晰的结构，在一个充斥着内容的世界中传递强有力的信息

这些原则也适用于你为企业创造的B2B内容，尤其是博客、视频和文章类的内容，它们可能构成了内容中心或博客网站的基础。将这些原则结合起来，可以提升故事对受众的吸引力，使他们停止滚动屏幕。

构建信息传播结构

在创造内容之前，你需要明确自己要传播的信息。如果你尚不清楚自己要谈论什么，也不知道核心主题是什么，那么一个简单的信息传播框架可以为你的内容提供指引和帮助（图4.1）。它也能帮助你弄清楚信息的含义，知道该如何谈论自己的企业。

尽管一些企业为不同的部门和领域设置了多个传播框架，但一个小企业可能只需要一种信息传播方法。但是说到底，叙述框架不必过于复杂——只需概述核心主题与支持性的信息和要点。

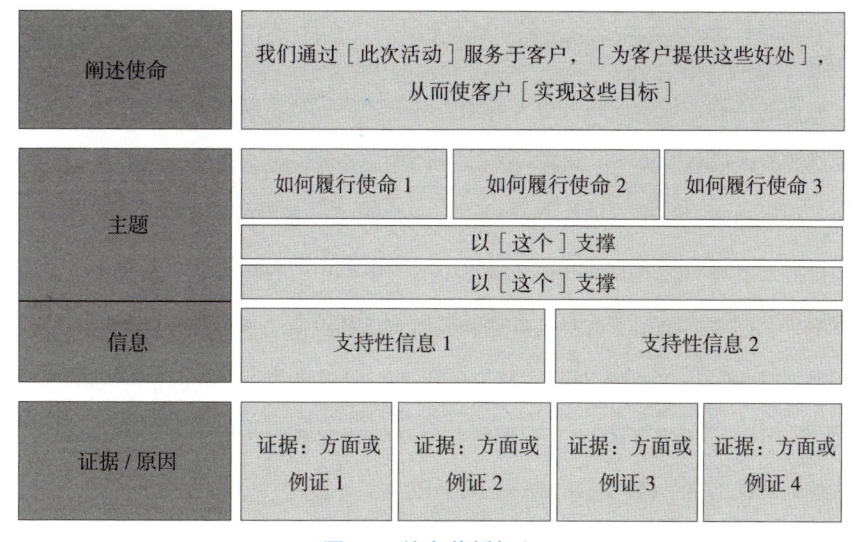

阐述使命	我们通过［此次活动］服务于客户，［为客户提供这些好处］，从而使客户［实现这些目标］		
主题	如何履行使命1	如何履行使命2	如何履行使命3
	以［这个］支撑		
	以［这个］支撑		
信息	支持性信息1		支持性信息2	
证据/原因	证据：方面或例证1	证据：方面或例证2	证据：方面或例证3	证据：方面或例证4

图4.1　信息传播框架

如果你需要为组织制定一个信息传播框架，首先要确定首要使命，然后以此为起点构建框架。

框架应该包括以下内容：

使命或故事：对于组织（也可能是业务单位、业务布局或业务部门）来说，这是最重要的信息。标题要概括组织能为客户提供的服务，也可以包含你能为客户带来的成果。

主题：主题是叙述的基础，是对业务重点以及产品或服务的吸引点和独特性的总结。你可能有三到五条由核心原则或行为支持的具体信息，或支持此活动的文化优势。

信息：这些信息提取自你的叙述和主题，可能会用于关键人物（如代言人或公关）使用的宣传材料、演讲或初级读物。

证据：证据是指能够为信息提供支持的例证、令人信服的原因、案例研究、故事和人物，证明你在现实生活中做了什么，同时构成讲故事的基础。你也可以根据客户的"痛点"对证据分类，将受众所面临的挑战作为内容开发的起点。

创造哪种故事

内容的传播必须借助一个更大的网络和你的目标微型网络，不受任何阻碍，且内容必须使人们自发地产生兴趣——这话说起来容易，但它到底意味着什么？

从根本上来说，所有内容都有价值。很多网站，如思爱普创建的D！gitalist[2]，会提供涉及各种话题的故事——从瞬息万变的世界中的各种挑战，到首席信息官和首席财务官的具体工作，这些故事能够提供观点和价值（如《25个最重要的客户体验问题及解答》[3]）。与此同时，慧与公司（Hewlett Packard Enterprise）的社群中心[4]提供了技术领先的内容，并挖掘现代信息技术专家所面临的更广泛的挑战（如《为什么开发运维一体化（DevOps）会失败？》）。

第四章
寻找故事：讲述重要的故事

通过有价值的故事提高知名度

并非所有内容都能取得相同的效果，故事需要传达不同的见解和信息，并鼓励不同的行动或反应，这些都取决于故事在销售漏斗中所处的位置。

品牌新闻要在目标受众进入销售漏斗之前，且刚开启客户旅程的时候吸引B2B受众。你的任务是基于符合受众价值观的见解或信息，创造吸引受众的故事，从而在目标买家出现明确需求之前就与其（及其关系网）展开对话，建立关系。了解受众，你所创造的内容要体现他们身边的世界及其关注的问题和挑战，这样才能吸引受众的注意力，激发他们的兴趣并影响他们对品牌的看法。在进入销售漏斗之前的阶段，你可以扩大故事的内容范围，尽量少提品牌名称，多反映我们当前的世界。

品牌内容案例

不要害怕像"雨水收集器"一样包罗万象的内容（图4.2）。涉及面广且有一

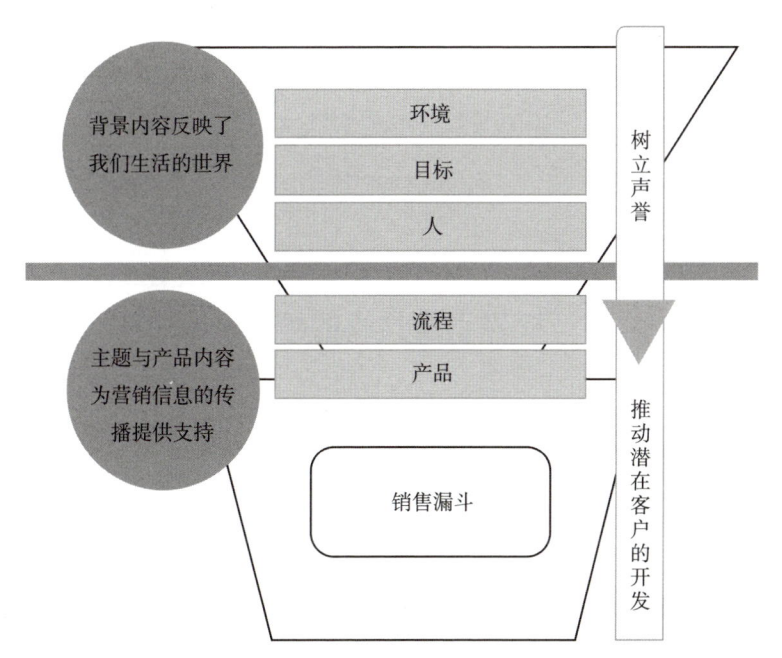

图4.2 "雨水收集器"式内容：在受众进入销售漏斗之前吸引受众

定背景的故事可以反映在我们生活的世界中出现的问题、故事和挑战，品牌正是在这样的世界中运营的。因此，这些故事应该吸引受众的注意力。

然而，无论以哪种形式讲述故事，都必须反映目标受众的价值观和信仰，必须与他们在日常生活和工作中讨论的主题和见解产生共鸣。正如思爱普客户体验中心的前任全球内容营销主管艾米·哈奇在接受我们的采访时所说，重要的是，首先要将受众视为人，其次才是B2B买家：

> 受众是策略的根基，也就是说，排在首位的是受众而不是客户。我们需要与读者共情，对他们所经历的一切感同身受，理解他们的世界，理解不断变化的重要性。现在的变化速度比以往任何时候都快，这影响着世界的每一个角落和每一个人。重要的是，当人们开始工作时，他们不会突然变成另一个人。他们仍然是那个看网飞（Netflix）、发推文、刷脸书、发电子邮件的人，所以我们要秉持这样的原则来制作内容。不存在所谓的B2B人。一个人不会因为到了工作岗位上就变成了B2B人。阅读内容营销时，我希望能像阅读育儿博客时一样被内容深深吸引。

如果你清楚地了解环境——我们生活的世界，商业和个人所面临的挑战，有关世界和其中的人的故事——你将更好地创造出有价值、有意义的故事，并通过网络高效传播。

找到引发共鸣的故事

一般来说，我们可以将内容划分成以下故事类别：

环境	我们所生活的世界，我们面对的挑战与启示。影响周围世界、生活和工作的新趋势和新问题。
目标	我们的工作方式和企业经营方式的趋势；如何领导公司和国家；价值观的重要性；领导力的本质。

人	有关组织内的个人或领导者、思想领袖的故事。可以是他们的个人故事或见解，也可以是他们对相关主题的指导意见或建议。
流程	行业和商业故事、信息，并针对组织感兴趣的行业主题发表见解。
产品	优先叙述，从而通过产品和服务的销售量来推动业务增长。

每一种故事类别都与特定的内容相关，因此有必要对它们进行详细分析。

环境：研究对话的生态系统

简单来说，基于环境的内容反映的是受众和客户与其周围世界的对话。因此，你和你的写作团队必须了解影响社会大环境的宏观趋势和观点、广泛的新闻议题和世界事件。

开创性的内容可以创造充满智慧的故事，这些故事能够引发共鸣，并以对组织运营环境的清晰认知为基础。在这个阶段，你可以了解大量跨领域的主题和趋势，而不是那些直接对你的工作产生影响的主题和趋势。

世界经济论坛的内容就是这类品牌新闻的典型代表。其官方网站的"议题"板块[5]涵盖了各式各样的故事，涉及各种热门话题。论坛一直在挖掘时代精神、热门讨论、流行事物和广大民众关切的问题，并征求商界、学术界和思想领袖的意见，进一步了解该话题。它不仅有效地讲述了这些故事，还发现了叙述的新形式和新方法。世界经济论坛的内容已被数百万次地分享，并帮助论坛实现粉丝数量的大幅增长以及品牌认知的转变，也对社群产生了实质影响，世界经济论坛总经理阿德里安·蒙克解释道：

> 有些故事能够使人们对复杂的话题产生乐观的心态和希望，这些故事就是我们要用的故事。以气候变化为例——这是人人关心的话题。我们能不能向人们提供这样的信息：你可以有所作为，未来并非毫无希望？内容最重要的价值是激励人们采取行动或改变人们漠不关心的态度。对我而言，最重要的是找到能为人们树立榜样的故事，告诉人们可以做什么，激励人们去做，同时帮助我们建立联系。

目标：以价值观为主导

正如第一章所说，我们对现在的政治领袖和社会领袖的信任度日益降低，人们在寻找新的榜样。

人们将目光投向了公司领导者，在政府没有就他们所关心的问题采取行动的情况下，人们希望公司领导者能做出正确的表率。据2019年的《爱德曼信任度晴雨表》显示[6]，超过3/4的受访者认为，公司领导者应该在日益显现的社会和环境问题上发挥积极的带头作用，而不是等待政府采取行动。此外，71%的员工表示，他们认为CEO应当对当前社会和全球挑战——例如政治事件、员工的相关问题和行业事件等做出回应。

这为创造真实且基于品牌宗旨的内容提供了巨大的机遇。对于品牌来说，这是一个捍卫品牌信仰、宣扬品牌宗旨的良机，也是一个表达品牌价值观的机会，让品牌价值观与受众和你希望影响的其他人的价值观保持一致。

针对企业如何推动变革，赛富时CEO马克·贝尼奥夫（Marc Benioff）表达了自己的观点：

> 我认为，企业是变革的最佳平台，能对改善世界状况产生巨大影响。作为商业领袖，我们处于有影响力的位置，不应只对股东负责，还应对广大员工、客户、合作伙伴以及共同居住于地球上的同胞的福祉负责。[7]

许多实例表明，一些公司已经阐释了它们对社会的坚定信念，或它们可以施以影响的问题，如技术公司对自动化影响的讨论。

| 案例分析：文章 |

缩小自动化时代下技能差距的四种方法：欧特克公司（Autodesk）[8]

通过本文和Redshift网站上的其他文章，欧特克公司公开表达了它的承诺：在欧特克，我们专注于如何帮助企业和员工在自动化时代取得成功和发展。

|案例分析：网站|

i-CIO.com：日本富士通公司[9]

> 一些组织创建了可以讨论问题的空间，集中对某个特定主题进行讨论，但内容并非全部由企业的高层人员撰写。富士通公司创建的i-CIO.com网站组织了多位"宏观思想家"，他们创造或撰写了挑战传统思维和解决当今世界问题的内容。

许多大型组织的规模、影响力和客户群使他们能够广泛讨论这类话题，不会产生负面影响。并非所有公司和国家都能如此，因为社会或政府的限制，它们可能无法公开、自由地讨论代表权和平等问题。仔细思考你和公司如何处理复杂的或有争议的话题；你的信息应与你的传播团队和企业传播团队发出的信息一致。

人：体现人性化的一面

一个人的观点和证言是处理内容的有效方式。如果运用得当，这样的内容具有真实性、引人入胜且信息量丰富。未经编辑的个人观点具有不容低估的力量——特别是当此人在大型组织中担任高级职位的时候。

一般来说，"一个人"的故事通常被归类为思想领导力，我将在第十章详细阐述这一点。思想领袖是具有创新精神和前瞻性的思想家，他们能够创造出优秀的内容，从而吸引大批受众，使内容得到广泛分享。从理论上说，组织中的任何阶层都有可能诞生思想领袖。虽然职位较高的人未必具有更高的权威性，但权威性往往会随经验的增加而提升。

在思想领袖所分享的与个人相关的品牌新闻内容中，反映广大受众（你试图在他们当中建立品牌知名度）所关注的问题或感兴趣的内容最具影响力。在B2B领域中，有许多思想领袖或影响者也会撰写专业化程度较高的内容——发布在他们自己的网站、博客和其他特定网站上，如红迪网（Reddit），或者借助WhatsApp（用于智能手机之间通信的应用程序）群组。

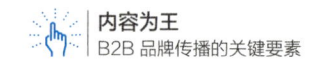

| 案例分析 |

> 提高社会安全网的智能程度能否帮助人类
> 在自动化时代获得一席之地？欧特克公司[10]
>
> 本文作者是欧特克公司CEO安德鲁·阿纳诺斯特（Andrew Anagnost），他认为企业和政府有责任采取行动，支持那些可能因技术和自动化的崛起而受到负面影响的群体。作为欧特克公司的CEO，阿纳诺斯特博士在欧特克的内容中心Redshift上就多个主题发表了个人看法。

值得注意的是，有关人的故事可能与有关产品和流程故事重叠，或者与经营目标重叠，从而覆盖广泛的主题领域，例如：

▶ **教育**：针对管理、领导力或运营问题的教育和新见解。

▶ **措施**：面对行业挑战或难题，我们应该怎么做？或者，需要发生什么？

▶ **分享**：从个人经历和业绩中获得见解和灵感——他们有什么想法？他们会怎么做？

▶ **聚合**：将其他人或其团队的想法组合在一起，形成论点或观点。

流程：研究你的企业或行业环境

了解了与潜在受众和客户对话的大环境后，你可以专注于寻找与特定行业、业务或部门相关的叙述或故事。如果你正在为这些故事寻找出发点，可以考虑这些类目下的故事创意：

创新	成功	趋势	挑战	事件
未来的发展方向是什么？有哪些创新？未来将会怎样？	可以从本组织或其他组织中提取哪些案例进行讨论，以证明你能够成功地应对某一挑战？	哪些趋势会影响部门、行业或组织的未来？如何应对？它对客户或社会意味着什么？	是什么让客户或受众夜不能寐？你能否开始讨论这些问题？	你能从所在部门的事件中学到什么？行业专家正在讨论什么？

第四章
寻找故事：讲述重要的故事

| 创新类故事范例 |

不起眼的棕色纸箱的崛起：三菱重工（MHI）[11]

这篇文章的出发点是网络购物的兴起拉动了对产品包装纸箱的需求，继而追踪了纸箱的历史，以及影响其发展的新工艺（由三菱重工推动）。本文从一个简单的统计数据出发，最后预测了纸箱行业的发展。

内容中心Redshift由欧特克公司的软件开发人员创建。[12]该网站的内容涵盖了未来产品、建筑和城市的建造方式，涉及面广，浏览起来就像阅读一本杂志。欧特克公司的内容分发和社交媒体负责人卢克·金提（Luke Kintigh）解释了该品牌新闻网站所采用的方法：

> 总的来说，我们在Redshift组建了一个成熟的新闻编辑室。我们制作的内容很像一本杂志。我们的主要目的是树立品牌，并将人们对品牌的认知从一个只生产AutoCAD（一款绘图工具软件）的品牌转变为一个向众多企业提供多种软件的公司。这不是一个介绍产品的博客，我们关注的是人，而不是产品。我们的战略覆盖多个行业，并为受众提供价值，例如围绕如何将事物的变化方式应用于鞋履设计或摩天大楼的设计。公司内有一些了不起的人在推动变革，请他们发表观点是我们的战略核心。除此以外，我们还有其他内容来源，有时也会请合作伙伴和客户讲述完整的故事，例如欧特克如何为产品设计提供支持，以及看到一个项目取得成果后会产生哪些感受。

| 趋势类故事范例 |

人工智能为日常生活提供六种便利：思爱普[13]

在思爱普的内容中心D!gitalist，这篇简单的清单以人工智能对日常生活的影响为出发点，用非技术语言向读者进行了解释，内容简单明了。在必要的情况下，可以以这类文章为起点，撰写更加翔实的内容。

| 挑战类故事范例 |

> 物联网可能是公共安全的关键：戴尔（Dell）[14]
>
> 这篇长篇文章发布于戴尔的博客空间"观点"（Perspec-tives），描绘了物联网可能对未来公共安全挑战带来的影响。文章同样采用新闻的方式，以非技术语言撰写，在后半部分提及戴尔的观点，为读者提供了广泛的价值和信息。

产品：让企业与众不同

尽管品牌新闻的基本信条是不推销产品，但仍然可以对具有品牌新闻特征的产品相关素材进行深度开发，确保它受欢迎或具有吸引力，让人们愿意分享它。

要做到这一点，你必须列出受众在思考是否购买你的产品或服务时可能遇到的各种问题，然后逆向摸索，列出潜在的标题和主题领域。

| 案例分析 |

> 如何利用算法向输电网提供可再生资源：森特理克集团[15]
>
> 本文和视频内容发布于森特理克集团的故事内容中心Centrica。这是一个长篇内容，包含了多种形式，有动图、视频、静态图和文本。它深入探讨了能源交易系统的问题，以及技术对能源行业的影响，同时关注森特里克在该领域的开拓性工作。

适用于这类内容的叙事方法有很多，因此在理想情况下，你可以提前设置形式或方法，以便轻松快捷地准备和上传故事（关于应该选择何种形式，请参考第六章）。此类内容的范例包括：

▶ **基于案例研究的问题解决类内容**：通过实例证明你的产品能够解决特定问题或更普遍的问题。将你的产品塑造成"英雄"。

▶ **解释类内容**："是什么"类的内容可以解释产品方法、概念或商业解决方案，而"怎么样"类的内容可以就他们可能要解决的常见挑战或业务领域提供建议和指导。此外，"罗列益处"类的内容可以讲述解决各种挑战的不同方法，"关于我们"类的内容可以帮助人们深入了解企业文化如何影响产品和解决方案。

- **思想领导力类内容**：包括思想启蒙者、重要的思想家和管理者的概述和评论，他们会提及产品，将产品作为问题的解决办法。
- **简介类内容**：你的员工是谁？他们知道什么？他们有什么经验？他们对本产品或服务有什么见解？Forecast是一个由企业软件公司路坦力（Nutanix）创建并管理的网站，旨在探索影响未来的理念和技术。该网站有一个板块专门用于介绍路坦力员工，由肯·卡普兰（Ken Kaplan）编辑。这些员工有自己的故事，可以反过来促进公司的业务发展。

不要忘记品牌

多少算过多

你可以使用任何你喜欢的内容营销模式，但是很多品牌记者经常会被一个问题难住：应该以什么样的频率提及品牌？

我所关注的品牌新闻内容与内容中心都很少提及自己的品牌，而是侧重于深刻的见解，鼓励分享。这主要是因为品牌新闻是有趣的故事。本书提到的许多网站和出版物都很少提及自己的品牌，它们希望通过讲述有价值的故事来提高品牌知名度，例如思爱普的"客户参与和商务的未来"网站和罗兰贝格国际管理咨询公司（Roland Berger）出版的杂志《思考：行动》（*Think: Act*）。它们通过分享内容来表达自己的观点，希望吸引目标受众，提高受众日后的参与度。其他网站在内容中也很少提及自己的品牌，但会有更多品牌推荐阅读的链接。

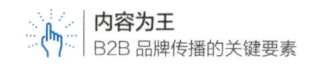

较少或不提及品牌有好处

有些公司拥有长期愿景，希望为其内容培养大量真实的受众，因此它们可能绝口不提自己的品牌，或者只是偶尔提及。

将重点从品牌转移后，营销人员与传播人员就不会轻易将自己的品牌信息强加给受众，从而将更多的注意力放在买家需求上，正如营销思想领袖海迪·泰勒（Heidi Taylor）所写：

> 我们要创造的内容、讲述的故事和开展的对话应当与我们所销售的产品或服务无关，而与对客户真正重要的个性化问题有关。正是这些问题使我们所做的事有了人情味，使对话更有意义，也帮助我们与客户建立起持久的关系。在促销或营销活动结束后，我们仍然能够长期出现在客户心中，进而与客户继续互动。[16]

这种策略存在一个缺点，即对大部分短周期的营销领导者来说，长期的方法不利于即刻提高销售量。你需要明白，培养受众可能需要时间（特别是在你能使用的付费方法有限的情况下），但从长远来看，这样的策略终将带来回报，特别是通过放大存档内容吸引长尾受众时。此外，任何内容都可以进一步扩展，成为潜在客户开发和需求开发的基础，用于销售漏斗的下部（例如形成电子书或白皮书）。

在思爱普"客户参与和商务的未来"网站上，内容中心以品牌名称命名，但只是轻轻带过。网站上的所有文章都未提及品牌。这是思爱普团队在创建网站时经过慎重思考后所做的决定。品牌只以标识的形式出现于网站的横幅中、底部导航栏里，以及右侧导航链接和点击浏览链接中。

无论采用哪种叙事结构，都需要一个体系来确保你能够持续不断地产出品牌新闻。因此，你必须制定一个流程，以获取并发布任何形式或格式的内容。我们将在后面的章节中介绍内容制作的问题，但很多组织发现，从日常活动中寻找动人的故事才是最大的挑战——只有像记者一样思考才能解决这个问题。

第五章

挖掘故事：发现强大的品牌新闻

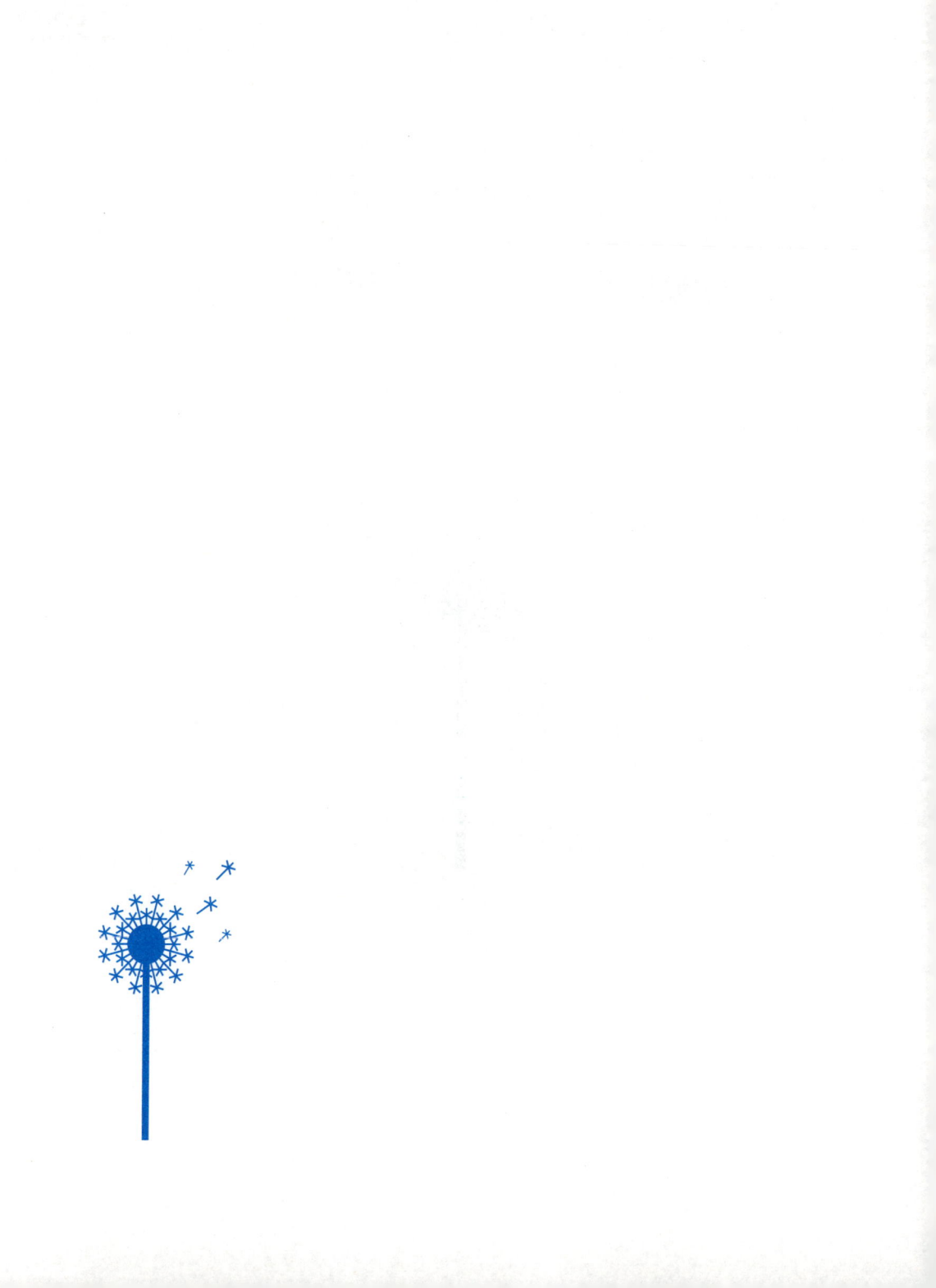

即使是最精彩的故事也需要有人去讲述。要保证稳定且有规律的内容输出，就必须投入时间和资源，由某个人（或某个机构）负责制作内容，并将内容发布给大众。一开始这可能是一项艰巨的任务：你需要创建一个搜集素材、制作内容并发布内容的高效流程。

品牌新闻并不是创造可以在出版物上发表的公关故事（媒体关系），也不是列举你在客户工作中取得成功的案例（案例研究），而是利用你的专长和知识，创造故事，通过向他人分享部分知识或者发表有助于吸引受众的观点，使品牌符合特定的思维方式。

挖掘故事是延续内容寿命并为内容赋予意义的过程。

确定流程

虽然公司各不相同，每个公司所创造的内容也都是独一无二的，但无论你是要筹备一本技术白皮书、制作一个解释性的视频，还是发起一场社交媒体的活动——创造内容的机制都是相同的。从某种程度上来说，每一步都应符合企业的需求，且必须实现具体的目标。

故事挖掘包括开发机制与流程，从组织的各个部分或网络中提取信息丰富的故事，这些故事可以在你的内容计划中转变成不同的形式（图5.1）。

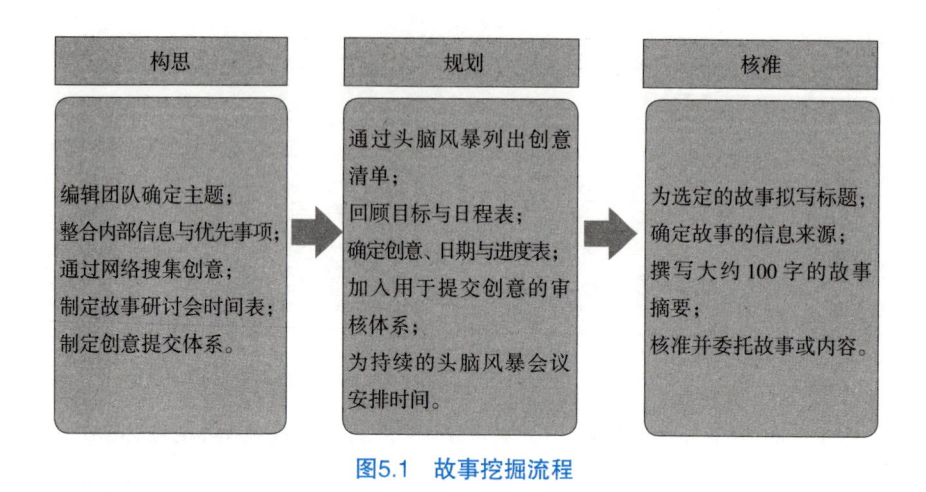

构思	规划	核准
编辑团队确定主题；整合内部信息与优先事项；通过网络搜集创意；制定故事研讨会时间表；制定创意提交体系。	通过头脑风暴列出创意清单；回顾目标与日程表；确定创意、日期与进度表；加入用于提交创意的审核体系；为持续的头脑风暴会议安排时间。	为选定的故事拟写标题；确定故事的信息来源；撰写大约100字的故事摘要；核准并委托故事或内容。

图5.1　故事挖掘流程

创造源源不断的故事

要保持组织内有源源不断的创意，关键是建立一套体系。长期性实际上是故事的可持续性。对于大多数大公司来说，找一些短期（一次性）的内部故事并不难。难的是持续提出相关创意，源源不断地创造故事。

建立一套符合特定标准和流程的体系，可以确保你找到并创造符合企业精神和需求的故事，证明你的思想领导力，同时建立一个展示证据的平台。简单来说，有效的故事挖掘过程就是在组织内部找到合适的故事——目标受众认为这些故事具有吸引力，能够与自己产生共鸣，且这些故事可以帮助你和企业实现商业目标。

第三章阐述了一些品牌新闻的原则，第四章讨论了如何寻找故事，而本章我们将寻找让创意不断流的方法，营造一个充满创造性的氛围，从企业的各个方面挖掘故事。

挖掘故事的常用方法

值得强调的是，第一步是确定要寻找的故事类型，并使其他人知道你想要什么样的故事。

第五章
挖掘故事：发现强大的品牌新闻

上一章所讲的"雨水收集器"模型便是一种创造故事的方法，能够帮助我们创造出与企业环境相关的有趣故事，这些故事可以由你的内容团队创造并通过多个渠道分发。这些故事类型简要概括如下：

环境	目标	人	流程	产品
这些问题给全球带来挑战。你可以在这些故事中加入企业视角，清楚地表达你的价值观。	利用故事表达组织的价值观的真正意义。买家希望了解组织在当代最具挑战性的话题上的立场。	通过讲述有关人的故事，反映企业的运营方式。这些人激励着公司发展。	这类故事往往基于更大的商业环境和主题。故事涉及各种各样的话题，这些话题与你所在的产业或生产的产品存在些许关联。	产品故事会将产品或服务塑造成解决问题的"英雄"。这类故事最重要的作用不是详细介绍产品或服务，而是保证产品的价值或成效。

更广阔的故事环境

尝试了解大众偏爱和分享的故事类型。例如，在许多国家，人们普遍接受了一个趋势，即故事的多样性正在增加。[1]还有一些故事正在挑战传统的信仰体系，这些故事的主题包括平等、环境问题以及人工智能和计算机对传统工作场所的影响。

此外还有人口老龄化、人口增长以及人口从农村向城市迁移等世界性问题，适合进行统计分析或趋势分析。如果我们了解这些问题及其讨论的大背景，就可以使故事更加切题。

当你阅读资料时，无疑会被发布该资料的组织的世界观所影响，好在你有大量的资料可供借鉴。你可以选择一些公开发布的内容，如前文提到的世界经济论坛官方网站的"议程"[2]板块，也可以选择你了解和信任的全球性出版物，或者国内和国际报纸。

除了阅读相关出版物和文献外，还要留意大量的研究和观点，它们大多是免费的，可以为这些问题的讨论提供信息。请记住：

分析大趋势能够让受众真正了解组织的所思所想及其工作方式，从而进一步参与对话或建立关系。

这些大趋势可以为内容更宽泛的常青文章提供信息，这类文章可能涉及组织或企业经营所面临的更大挑战。

全球性故事可以为思想领导力以及指导型文章（针对领导力、管理或应对社会问题等方面）提供信息。

针对这些主题创作的常青文章可以为企业或组织讲述涉及面更广的故事和树立更广泛的声誉奠定基础。

其他资源还包括专业学者、研究机构与行业机构。他们可以帮助你了解世界所面临的关键挑战。如果你想进入或了解某个领域，他们也能为你提供信息。

在内部寻找创意

传播团队和编辑团队成员可以帮助你创造出反映行业挑战和产品优势的故事。你的中心编辑团队可以利用和管理的其他资源包括以下这些：

机构作家和编辑团队。如果你与一家机构合作，可以请他们负责故事挖掘的过程，利用这些机构的员工和关系网，以及定期开展的研讨会，从而保证创意源源不断地涌现。虽然外部团队未必总能参与内部业务决策，但他们在有些时候可以确保稳定的内容输出。

传播团队成员。他们是公司对外沟通的负责人——通常是有记者从业经验的人，公关和传播人员是公司品牌新闻的重要创意来源，并且通常是编辑团队的核心。在理想情况下，团队成员可以根据故事讲述的目的，提高在思考和制作技术方面的创造性和创新意识。

销售与营销团队。销售团队往往非常了解买家提出的挑战与问题，而营销团队会进行研究、分析，并让内部研究部门搜集其他信息。寻找行业专家以及那些能够发现故事和讲述故事的人，你可以从他们那里获得更多信息。

应将行业机构、独立机构、智库、慈善机构、分析师和公司所进行的原创研究或综合研究纳入研究周期。这些组织通常会发布一系列信息、报告和数据。其中包括经济合作与发展组织（Organization for Economic Cooperation and Development）、普华永道（PwC）、毕马威（KPMG）和德勤等管理咨询机构，以及联合国（UN）、世界银行（World Bank）和非洲发展银行（African Development Bank）等组织。此外也不要忽视慈善组织。

即使有适当的结构或方法，要建立一个有效的系统以持续不断地挖掘和呈现故事——特别是在一个规模庞大或分散的组织中——仍然是一个巨大的挑战。吉姆·考克斯曾是一名记者，现任全球物流服务商Agility的内容与传播副总裁。他一直致力于讲故事，同时也明白其中的挑战，特别是在面对B2B受众的时候。他说：

> 发掘好故事往往要靠运气。通常情况下，内部的商业和政治考量可能会阻碍故事的创造，也可能推动故事的发掘，即使受众对这些故事的兴趣有限。有时我们只有在一些故事过时之后，才发现它们的伟大之处。
>
> 有时候，我们还要说服利益相关者，使他们明白，分享某些信息的回报大于风险。

考克斯补充道，令人鼓舞的是，如果故事讲得好，通常会吸引一批受众："有关人的故事往往会引起他人的共鸣，对于试图开展国际贸易或了解新兴市场的小企业来说，教它们'怎么做'的内容也会引起共鸣。"他还说："会讲故事的人能够将复杂的事物简单化，并为客户和受众提供一个标准，帮助他们做出明智的判断，这样的故事也是成功的。"

尽可能多地订阅行业时事通讯和内容中心网站，方便你查找相关信息。甚至连竞争对手的内容也值得订阅，这样才能了解他们在说什么，以及如何使自己的内容与众不同。

> **"新闻会议"的好处**
>
> 每日新闻与每周新闻的新闻编辑室一般都遵循相同的程序或流程。在每个编辑日或编辑周开始的时候，新闻编辑和每日内容编辑会召集团队成员开

> 会，讨论当下有哪些有趣的故事：发生了什么、哪些事正在发生、一天中会发生什么变化等。通过本次新闻会议，提出"符合"新闻编辑室产出目的的新闻（无论是严肃新闻、八卦新闻、全球新闻还是本地新闻），从而确定新闻议程。新闻可能来源于记者，他们通过采访、人际交往和新闻感知揭露独家新闻，也可能是对预定事件的报道，这些事件早已列入新闻议程，如选举、抗议或示威。当团队成员积极参与并沟通时，新闻会议才能取得最大成效。针对故事和内容开发而召开的内部新闻会议也是如此。故事的生成过程应当具有目的性，即明确什么类型的故事"适合"组织或公司，且能反映品牌的形象和基调。

鼓励故事文化

从组织内持续获得内容的最佳方式是与组织内外的人员保持交流。这听起来很简单，但实际操作时需要讲究一定的过程和方法，确保按计划定期产出内容。

肯·卡普兰曾是英特尔iQ平台的执行编辑，该平台成立于2012年，是一个科技文化新闻和社交媒体网站。在鼎盛时期，iQ每个月的页面浏览量超过300万人次。[3] 2018年，卡普兰担任企业软件公司路坦力公司旗下的商业和技术新闻网站Forecast的主编。该品牌网站以原创文章、视频和音频播客片段为特色，介绍推动数字化转型的人和技术趋势。在接受我们的采访时，卡普兰讲述了他为iQ网站进行故事开发的方法：

> 开始负责 iQ 网站的编辑工作后，我希望创造原创的新闻内容。我们走出去，与人交流，然后为那些对技术感兴趣的人撰写或制作故事或视频。这就是我一直以来所追求的工作氛围，即采用新闻行业讲故事的方法，由精彩的采访推动故事。我想从尖端技术从业人员的身上汲取更多人性和情感方面的内容。他们克服的技术挑战和他们使用的技术肯定是故事的一部分，但我也想知道，如果他们碰到一个难题，两个星期以后的情况如何。是什么让他们豁然开朗？当他们终于想通了一切之后，感觉如何？如果你

有非常精彩的故事，这些故事会逐渐形成生动的品牌故事，公司需要不断完善、打磨和调整这个故事。我认为，品牌故事其实由许多轶事构成，这些轶事可以具体化为具有影响力的品牌信息。

当你所发布的故事和内容得到广泛分享时，说明故事取得了成功，这样一来，你可以着手建立"故事文化"——但是，如何在庞大的组织内保持故事创造的节奏呢？

奖励：确定指标与关键绩效指标

鼓励传播团队和业务部门每周或每月提出一定数量的创意。根据故事的需求，团队可以按地理位置、垂直领域、行业或客户群进行划分。在可能的情况下，对创新给予奖励，鼓励他们不断思考。这有助于激发创造性。

示范：促进成功

成功孕育成功。尝试在公司内部平台上推广已经取得成功的故事。当你展示这些成功的故事时，公司内的其他人也希望自己的故事能得到推广。当你指导他们如何撰写故事时，你会发现很多人开始提供创意。

教育：分享观点

开发一个工具包，教不同的团队寻找和分享故事。该工具包可以包含一个故事清单，或列出个人应在自己的领域或部门内提出的关键问题，以征求创意和建议。通过编辑委员会或传播团队分享并分发工具包和本地最佳实践示例。

给予认可：发表并推广

你的内部受众必须始终参与故事挖掘的过程，否则就有可能失去热忱。同事与合作伙伴需要了解支持你的工作的必要性。因此，你可能还需要考虑在正式或非正式的场合表达认可，或通过内部交流公开感谢那些已经提出了精彩创意并将其发表的人。

开发一个持续产出创意的结构

同样值得记住的是，如何打造团队，从而保证源源不断的内容产出，还取决于组织的规模和结构。下列方法（表5.1）可以确保你的故事挖掘系统持续输出宝贵内容。

表5.1 挖掘故事的四种方法

中心辐射模式	·制定模板和问题，加快寻找故事来源。 ·在每个业务单位、部门或地区寻找内容宣传者。 ·撰写一个示例故事，阐述它的精彩之处。 ·为内容宣传者提供可以提问的问题，从而获得创意和故事。 ·创建一个可与团队同事共享的模板；也可以是一个"工具包"，它可以解释什么样的故事是好故事，以及每个故事需要包含什么
集中模式	·由一个专门进行传播或营销的团队或员工确定内容制作过程的各个方面，包括传播目标、日程、必需的模式和故事发布的持续性。 ·由专门的团队组织挖掘故事的会议或访谈，以创造内容。通过访谈或案头研究，使内容反映当地市场的情况。针对一般性的故事，地方业务部门、办公室或运营部门可以在其中插入本地化的内容。 ·将创意上传到一个专门的文档或在线中心，供大家思考并制作成内容。 ·采访地方代表或向他们搜集信息，然后集中进行故事创作或将此项工作外包。 ·一家全球管理咨询公司没有创作故事的统一结构或流程，而是由该公司的各个部门（如能源、数字、金融服务）提供自己的创意，然后由一个专门的记者团队对这些创意进行审查，并将其撰写成故事
合作模式	·确定面对面或远程的故事构思小组会议的频率。可以是半年一次、一个季度一次、一个月一次、一周或（在某些情况下）一天一次，具体频率取决于公司的压力、时间表和所需素材的数量。 ·结构化的故事创造流程有利于面对面会议的开展。会议由传播团队或营销团队代表主持
外包模式	·聘用机构开发故事创意，与不同部门和地区共同管理故事挖掘的流程。 ·参加交流会议，了解业务驱动因素和重要任务、传播信息，以及营销活动计划与公关优先事项。 ·要求机构审视行业领域，或采访关键领导者，或与传播团队和营销团队会面，征求有关文章的意见。 ·审查文章创意，确定哪些创意符合业务要求；根据需要创造内容、审查内容并发布

寻找不同类型的故事

我将在后文阐述如何构建故事、撰写文章、制作视频，但在这里，你需要掌握几个简单的方法，从而找到合适的故事。

通过内部访谈寻找故事

正如前文所述，每个优秀的记者都知道，故事来自真实的人。因此显而易见，寻找故事的方法之一就是尽可能与组织内来自不同领域的人交流，发掘他们的故事、观点或资源，将其发展成品牌新闻。研究每一个业务领域，与业务团队的成员进行交流，探究潜在的故事。组织小组会议，请与会者发表见解，同时挖掘存档报告、博客和访谈记录，从中寻找创意和灵感。

> **新闻编辑室小贴士**
>
> 建立网络
>
> 一名优秀的记者掌握着丰富多样的联系人信息，经常和他们交谈，找出令他们兴奋和困扰的内容。你应当鼓励自己的团队成员——或者让自己——像记者一样思考，并在组织内部建立联系人网络，以用于故事挖掘。

从工作现场中寻找故事

如果你要进行实地的项目工作，那么你可能——并且应该——从中找到许多故事。无论是在钻探天然气、实施净水工程、安装可再生能源生产设施，还是在建设技术基础设施，你都需要从中寻找故事素材。你可以通过远程的方式，与团队成员电话交流，但理想的方式是与相关人员会面，拍摄现场照片。如果你能组织品牌新闻制作团队（可能是一个手机配有智能摄像套件的作家，或者一个摄像师或摄影师）对项目现场或生产现场进行短暂的访问，他们会带着高质量的故事和创意回来，保证一段时间内的内容输出。这可能是一项巨大的投资，但在后续的数月内会持续创造价值，或提供能够支持大范围营销或宣传活动的内容。

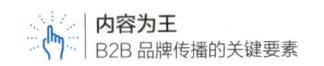

从活动中寻找故事

如果你有一个重要活动，那么你的内容需要配合这个活动，例如回顾前几年成功举行的活动，为活动造势。吸引人们注册，然后在活动期间利用自己的新闻采编部来增加内容量。创建视频、直播博客、视频直播等，为你的社交媒体账户提供内容，并吸引除现场活动参与者之外的人。大型的内部活动和会议，以及合作伙伴的活动，都可以为故事提供丰富的素材，因为在短时间内，很多利益相关者会出现在一个网站上。

通过研究寻找故事

数据和证据可以成为优质故事素材的来源——特别是当你有一支行业分析团队，或一位关注竞争对手或行业走向的分析人员时。从逻辑上来说，下一步就是将数据和证据整理成故事，看看它是否符合你的业务需求。

借助专家寻找故事

如果你的团队成员是经验丰富的经营者、高级管理者或技术人员，你可以与他们密切合作，不断寻找故事。通常，那些终日关注细枝末节的人反而忽略了自己身边最好的故事，因为这些好故事对他们来说似乎平淡无味。有时候，关键在于开启交流，让他们认识到自己所做的工作有多么与众不同、多么新颖或有趣。现在，你可以通过自己的组织关系网精确定位受访者，也可以请管理者、地方经理和区域代表推荐有兴趣进行交流的人选。

可用于发掘故事的问题：

- 你的工作中有哪些新颖、不同或具有挑战性的部分？
- 你的客户、人际关系网和联系人目前正面临哪些挑战？
- 最近几个月以来，工作或环境中的哪些事令你感到意外？
- 你和团队一直在研究哪些可以创新地解决问题的方案？

通过互联网和案头研究寻找故事

优秀的记者总能深入探索周围的世界。他们知道发生了什么，是谁在他们感兴趣的领域做什么，或者是谁所做的什么事击中了他们的"心脏"。优秀的记者会建立一个人际关系网，通过与不同的人接触来寻找故事。你可能还无法做到这一点，但可以借助互联网，从针对特定行业的讨论中获益。Quora（一个问答网站）等网站可以帮助你了解一些专业的讨论，同样地，在红迪网上进行搜索可以获取最新评论和新闻。推特是新闻快讯的重要来源。BuzzSumo（一个互联网内容筛选收集工具）和SEMrush（一个在线可见性管理平台）等还可以告诉你当下哪些故事最受欢迎。了解了这一点，你就可以确定如何在已经写好的内容上再接再厉，知道哪些故事能够吸引人们的注意力，然后集中精力，建立利基受众。

由编辑委员会进行理性检查

你的公司内很可能蕴藏着许多精彩的故事，它们已准备就绪，只等浮出水面，却迟迟未能露头，因为这些故事存在于一些较小的部门内，或者这些小部门历来不习惯与公关部门、传播团队和营销团队打交道。

因此，你首先要认识到这些故事存在的可能性，然后将它们挖掘出来。如果没有安排专人（如总编）来负责内容推送，或者你的团队成员来自不同部门，分散在不同的地方，那么常见的做法就是建立所谓的"编辑委员会"。

杂志的编辑委员会由各领域专家组成，他们更了解最新进展，从而确保杂志可以满足受众的期望或者为受众提供最新的内容。讲故事的编辑委员会可以由部门负责沟通的人员以及来自不同地区或网络的代表组成。

成立一个编辑委员会可以吸引人才，为故事的开发和挖掘提供指导和意见。委员会成员不需要经常开会，也不需要每一次会议都有全体人员参与。委员会可以每周、每月或每季度召开一次会议，以发掘精彩的故事。关键在于，委员会可以为组织定义"完美"故事的原型，而你可以利用模板和故事指南，将它们下发给直接面向客户或受众的员工，从而用中心辐射模式进行故事挖掘。

编辑委员会也可以充当分散的"新闻编辑室"。可以像记者每天或每周召开编辑会议一样召开编辑委员会会议，从而挖掘出伟大的故事。

了解你的对手

无论采用哪种模式构建故事结构、确定故事发布的节奏和叙述方式，你都必须了解竞争对手的内容营销组合中包含了哪些内容。你需要从以下几个方面去了解竞争对手。

了解竞争对手传播的信息

为了成为行业的佼佼者，为了从大量的故事中脱颖而出，你需要寻找一条不同的路线或一个独特的视角来讲述故事——为你的故事找到"明确的商机"。你可能找到了一种新颖的方式或独特的方法（例如独具特色的播客系列），或者在一个正处于发展中的领域内找到了能使你与众不同的特定方式。例如，技术公司正在5G领域内争夺能将自己区别于其他公司的关键点。

定性分析

从多个方面了解并评估竞争对手的内容，从而全面地分析差距，并生成对照表。首先，浏览竞争对手博客页面上的故事或其网站上的内容中心。然后回顾竞争对手在不同平台上的内容，包括领英、脸书和推特，以及可视化的内容和视频频道（如果有的话）。

审视竞争对手

针对少数关键的竞争对手（现阶段的核心竞争对手），对他们发布的内容和使用的数字化平台进行细分。使用社会化聆听（social listening）和分析工具了解竞争对手在社交媒体上进行的对话。可以使用Onalytica、Pulsar或Meltwater等工具，了解对手的内容和对话取得成功的重点是什么。

花点时间从以下几个方面对竞争对手的活动进行定性评估。如果认为有必要，也可以以此为模板，分析你现有的内容（表5.2）。

表5.2　内容盘点流程

内容组成	说明
数量	最近几周或几个月内所发布的帖子、文章和社交媒体帖子的数量
频率	内容发布的大体频率与内容上传的规律
深度与细节	内容的详细程度，以及为创造该内容所进行的分析或研究
质量	内容是否传递了有意义的信息，以及在拼写、语法等方面的质量
内容主题	**说明**
故事	分析故事的范围，可基于地理、范围或案例研究。此外，还有必要了解故事讲述的形式或方法
对受众的价值	所提供的价值和信息的水平——概括内容所提供的观点类型
主题	概括内容所涵盖的主题或话题，并找出侧重的主题。描述他们围绕这些话题所采用的叙述角度
主题侧重	如果你想将内容细分成不同的题材或主题，那么记录网站上有关这类主题的文章数量——你能找到哪些不同点？
思想领导力	分析是谁脱颖而出以及他脱颖而出的原因；谁是关键人物或发言人，记下他们所讨论的主题
风格与方式	**说明**
基调	基于这一分析，你可以了解内容的基调是温暖有趣的，还是严肃正式的。真实性和人性化也会对内容的情感投入产生影响
作者	他们是否指定作者并在标题下方署上作者的名字？这些作者是员工还是你认为他们将内容外包给了一家机构？他们是否建立了围绕关键人物的独特风格？他们请网络意见影响者亲自创作内容还是分享内容？

续表

篇幅与风格	检查博客、文章和帖子的篇幅。文字内容的风格是清单体,还是带有视频或图片的短博客?他们创造了什么内容来吸引读者和受众的注意力?
可读性	了解并列出这些博客或文章的形式,例如,它们是简单的文本,还是带有副标题和引述的文本,抑或是列表?这样可以帮助你了解哪些内容的可读性更强
形式	分析每家公司所创造的内容类型。这些内容包括视频、图表、信息图、清单体和热点博文[带有图表(或图片)和少量文本的短博客]
图片	他们如何利用素材库图片、图表和原创插图?图片是沉闷枯燥的,还是时尚有趣的?这将影响图片在社交媒体上的共享性
分发	**说明**
成功	他们的内容具有吸引力吗?如果有,在分享、评论和参与方面的结果如何?请注意关键指标,如社交媒体上的追随者和粉丝,以及在网络或内容中心的分享次数
放大	内容如何在社交媒体上进行分享?他们使用了哪些网站?如何使用这些网站?内容发布的规律是什么?具有多大的吸引力?
号召行动	围绕内容的广告、行动号召和支持链接是什么?如果内容没有提及品牌,如何帮助品牌促进受众参与互动或扩大品牌知名度?

分析竞争对手在做什么、用了哪些平台以及有什么样的风格,可以帮助你快速找到发出新的或不同声音的机会。这种分析不仅可以确保你自己的内容具有区分度,并为最终用户或受众提供不一样的价值,还可以让你有机会看到更多的主题和讨论,从而更全面地了解故事生态系统。了解了编辑故事生态系统之后,你会找到自己尚未涉足和开发的领域。接下来的问题就是,确定哪些形式最适合你、你的资源以及团队,更重要的是,最适合你的受众。

第六章

选择形式：受众的需求与文本的力量

第六章
选择形式：受众的需求与文本的力量

提前规划

无论是每日新闻还是专题报道，都有各种各样的线上和线下形式，并且来自一系列不同的内容发布者和平台。从视频和原声片段，到现场直播和音频内容，再加上优秀的传统文本，这一系列令人眼花缭乱的方式都可以吸引人们的注意力。品牌记者也应该从不断增加且越来越方便使用的企业故事的讲述方法中汲取灵感，并善加利用。

内容创造的技术和方法急剧增加，其中许多技术和方法也越来越便宜，越来越方便使用。

从视频、原声片段、GIF图（一种图像文件格式）、动画图形和所谓的"平面图形"，到社交媒体上的直播与现场报道——你也必须拓展自己的内容方法。新的故事讲述方式逐渐从根本上改变了新闻业和B2B品牌新闻。一般的B2B买家在与销售代表交流之前，会阅读或整理至少三篇内容[1]（一些报告认为不止三篇），那么你需要考虑各种内容形式，根据你想取得的成果选择合适的形式。

> **边试验边学习**
>
> 通过反复试验，了解各种形式的效果——一种内容形式的成功与否以及受众的参与度可能会随着时间的推移而变化。如果有一种特定的内容形式能

够取得最佳效果或者更受欢迎，那么你可以多使用这种形式，并持续衡量它所带来的反应。此外，减少无效的内容数量。最初的大部分故事和品牌新闻可以以文本为基础，但也要尝试其他低风险的方式，分析结果并做出相应的改进。

研究受众偏好

对于一篇内容来说，虽然不存在"完美"的形式，但是有"适合"受众性质并能激励受众的形式。要优先考虑哪些渠道更有可能带来成功，关键是围绕核心受众进行充分的研究：他们从哪里获取内容？他们会在内容上花费多少时间？他们是否会分享特定形式的内容？如图6.1所示，品牌新闻的形式主要有以下几种。

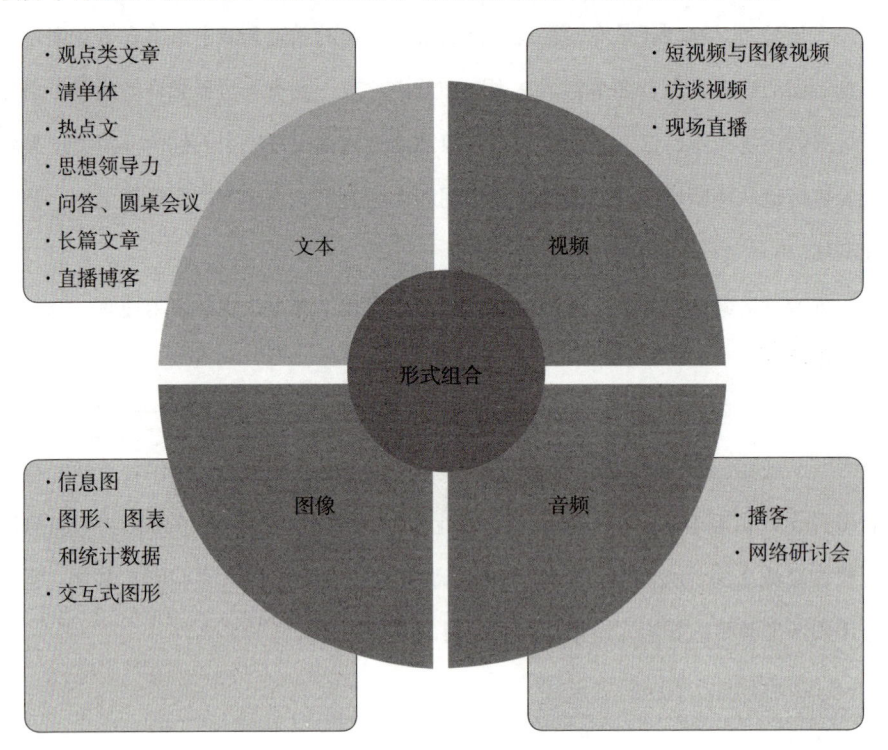

文本
- 观点类文章
- 清单体
- 热点文
- 思想领导力
- 问答、圆桌会议
- 长篇文章
- 直播博客

视频
- 短视频与图像视频
- 访谈视频
- 现场直播

图像
- 信息图
- 图形、图表和统计数据
- 交互式图形

音频
- 播客
- 网络研讨会

形式组合

图6.1　B2B品牌新闻形式

对于B2B购买旅程中的年轻人（即数字原住民）来说，社交媒体不仅是信息放大的渠道，也是一个发表或广播渠道。Hubspot最近的研究发现，年轻的消费者始终偏爱社交媒体，他们将社交媒体视为有效的研究渠道。此外，该研究还补充道：在制定内容战略时，客户年龄发挥了重要的作用。该研究还发现，千禧一代对视频和图像内容的参与度更高，而年长的受众仍然偏爱通过电子邮件传递的内容。[2]

在研究时，你还需要分析哪些人会影响或激励受众。Demand Gen的《2019年内容偏好报告》[3]（*Demand Gen Report 2019*）显示，约95%的受访者更喜欢来自行业影响者的可靠内容。你可以使用BuzzSumo或Sprout Social等工具辅助研究，并进一步了解人们对内容形式的偏好。随着时间的推移，受众的习惯可能会发生改变，再加上新平台不断涌现，这些偏好也会随之变化。在写作本书的过程中，我发现播客开始复兴，博客和文本内容仍然有吸引力，而可用于销售漏斗中间阶段的网络研讨会和视觉内容仍然很受欢迎。

根据销售旅程的阶段评估内容

在选择与渠道相匹配的方式时，需要考虑的最重要的因素之一是了解受众在销售旅程中所处的阶段。

本书讨论品牌新闻故事的首要目的是建立品牌认知，并为你的出版物或内容培养忠实受众。考虑到这一点，在销售漏斗的顶部，甚至在进入销售漏斗之前，我们就应该努力吸引人们对内容的注意，并使他们对品牌所讲述的故事产生兴趣。

在B2B买家刚开始考虑购买的时候，大约3/4的人喜欢阅读博客帖子和文章，视频、电子书和播客也很受欢迎——数据来自内容营销研究所（Content Marketing Institute）[4]。在销售漏斗的中间阶段，白皮书最受欢迎——这也许不足为奇。到了后期的评价和购买阶段，则以案例研究为主。

对受众需求的研究至关重要。例如，在Demand Gen的《2019年内容偏好报告》[5]中，93%的受访者表示，他们首选短篇幅的内容，因为他们的时间越来越不够用，却又想在接触供应商或做出购买决定之前了解更多的内容。该报告还指出，简单易懂的内容更容易被分享。这项研究发现，同事和同辈分享的内容最值得信任。

> **将形式与所用设备相匹配**
>
> - 来自美国的研究表明,更多人选择通过智能手机而不是笔记本电脑来获取内容,但他们使用笔记本电脑的时间比使用手机的时间长。此外,研究还发现,每次访问网站时,来自台式机的页面浏览量远远高于来自移动设备的页面浏览量。[6]
> - 研究证实了我们的猜想——年轻受众多使用手机,而年长的受众主要通过笔记本电脑获取内容。[7]
> - 数据显示,通过台式计算机访问网站的时间远远高于通过移动设备访问网站的时间。[8]
> - 虽然移动设备更受欢迎,但台式机所带来的B2B转化率和参与率更高。

如何开始撰写精彩的内容

你已经完成了研究工作,现在可以开始创造内容了。对于很多品牌记者来说,内容是(至少最初是)对有趣信息的拼凑。自17世纪报纸首次出现以来,书面语一直是一种强大的媒介,在多种平台上向受众传递复杂或简单的信息。

随着视频和基于图像的媒体日益流行,尤其是在年轻受众中的流行,情况正在迅速发生改变,你也应该开发相应的内容,利用图像和视频日益增长的吸引力,吸引线上受众。在下一章中,我将介绍基于图像的媒体与音频内容的开发,但本章主要关注文本内容。至少就目前而言,文字仍然具有影响力。

了解你的文本类型

并非所有的文本都是平等的,在买家旅程的不同阶段,在不同的平台上,占优势的表达方式也不尽相同。接下来我们将介绍几种基于文本的内容。下面列出的所有文本类型都基于知名的故事结构和故事发展方法,新手记者在职业生涯的最初阶段都会学习这些方法。其中任何一个类型都可以作为内容的根基,帮助品牌建立知名度并引起受众的兴趣,但其中一些类型比较复杂,制作的成本或难度较高。

选择合适的方法

品牌新闻的文本类型一般有如下几点类型(表6.1)。

表6.1 文本类型概览

类型	详情	影响与效果	优势
观点类文章	标准篇幅,字数通常在600~800字,有2到3个副标题。 这类文章的篇幅也可以扩充至1 000字	简单、成本效益高,门槛低。重质量而不是数量	在销售漏斗的顶部建立品牌认知,并进一步在后续阶段培养受众
清单体	对短文或长文的另一种叙述方式,通过思考后将内容或观点分组,列出清单	如果你想通过摘要激发受众的兴趣,那么清单体需要围绕一个关注点。清单体——基于列表的短文——是一种简单易操作的形式	在销售漏斗的顶部建立品牌认知,并进一步在后续阶段培养受众
热点文	针对单一主题的短文,以一篇研究、报告、图表或数据为基础,然后通过案头研究充实故事	热点文融合了文本与图片,为人们提供短小精悍的信息。热点文可以让人们在较短的时间内了解许多领域	热点文可以抓住受众的注意力,有助于建立品牌认知
思想领导力(详情参见第十章"思想领导力"部分)	以第一人称叙述经历或观点	思想领导力具有极高的影响力,但它的难点在于说服高层领导者拿出时间来创造内容 思想领袖可能不具备写作或创造内容的能力,因此需要为他们提供额外的辅助	以第一人称来讲故事,可以拉近品牌与受众的距离,也能为受众提供信息,并建立信任

续表

类型	详情	影响与效果	优势
问答	这是一种简单省时的方法，可以根据一人或两人访谈来创造内容。答案通常可以扩展成报告或白皮书	问答是一种直截了当的方式，节约时间。观点的质量取决于受访人的水平与事先的准备工作	拉近品牌与受众的距离，也能为受众提供信息，并建立信任
圆桌会议报告/问答	通常采用问答的形式，但也可以撰写成完整的报告	将问答的形式进行扩展，邀请更多演讲者参与，成为所谓的"圆桌会议"，它有助于针对特定主题筛选观点或意见。通过圆桌会议，品牌可以利用他人的观点，将自己塑造为思想领袖或表达对某个问题的见解。除了品牌新闻，在理想的情况下，你也可以根据圆桌会议撰写长篇内容，以用于销售漏斗的后续阶段	拉近品牌与受众的距离，也能为受众提供信息，并建立信任
长篇文章	这类文章需要经过深入、充分的研究，以受众的喜好为基础。这类文章的重点在于为目标受众提供信息或整合信息	这类文章的撰写需要投入大量时间与精力。在停留时间、搜索引擎优化结果和声誉的建立等方面，长篇内容具有巨大的优势	继续与受众建立持久的信任关系
用于销售漏斗中间阶段与底部的内容			
白皮书、基于研究的文章与电子书	这类文章篇幅较长，能够根据研究提出相应的见解（原创或案头研究）。白皮书与电子书需要分段或划分章节，以区分不同的叙述内容与主题	销售漏斗中间阶段的内容需要花费更多精力，投入更多资源。围绕这些内容开展有针对性的付费宣传活动（以及基于活动的管理）。对B2B的技术类受众或利基受众群体来说，洞察和深入研究非常有价值	推动受众进入销售漏斗的下一阶段——通常是以产品为主的偏技术性的内容

观点类文章

如果为了"简化"而使用内部团队成员、外包机构团队或自由撰稿人等第三方所撰写的观点类文章，请选择一个适合你所提供的信息类型的故事结构。文章的结构会对内容的可读性以及能否建立读者信任产生极大的影响。但是，有几种技巧可以帮助你确保故事发挥影响力，与读者产生共鸣。你也可以从这类文本中提取部分内容或重新编写部分内容，将其作为配套视频的脚本。

倒金字塔

最简单的故事构建方法是遵循"倒金字塔"模式——将所有事实按重要性由高到低排列，先回答为什么、谁、是什么、在哪里和什么时候等关键问题。

这是许多记者在工作的前几周内需要掌握的技巧，特别适合简单的故事。它的优势在于即时性，并且可以快速浏览。许多读者都想快速获取信息，他们希望信息简短或快餐化，因此你需要设法让读者在看到你的故事时停下来。先呈现最重要的信息，随着故事沿"金字塔"发展，更多观点或事实浮出水面。在前几段描述挑战或问题，然后随着故事的发展添加细节。读者越往后阅读，故事内容的"新闻价值"就越低。

保持读者兴趣的技巧包括在故事开头使用类比来吸引注意力，或者提供有人情味的内容或案例，方便读者理解。

英雄与反派

另一种特别适用于B2B故事的叙述方法是经典的"英雄与反派"框架——善恶对比可以让故事具有更强的可读性。

通常，英雄—反派的故事会介绍人物的困境，这个人物会吸引读者投入时间和情感。故事中通常包括一个"英雄"人物，他开始了一段"旅程"，并遭遇危机。英雄应对危机，战胜困难，并因此而改变。这类故事结构可以激发读者的同理心，并使读者渴望继续阅读下去，从而知道接下来会发生什么。这类故事通常有一个特点，即旅程中伴随着意外的或额外的挑战。[9]

神经经济学家保罗·扎克（Paul Zak）的研究表明，在故事的紧张时刻，我们的大脑会产生应激激素皮质醇，使我们集中注意力，而任何"可爱"的东西都会让我们释放催产素，这是一种会令人感觉舒适的化学物质，可以促进关系的建立并激发同理心。其他神经学研究告诉我们，一个故事的圆满结局会触发大脑的边缘系统，即奖赏中枢，释放多巴胺，从而使我们感到充满希望，乐观向上。扎克的研究表明，由角色驱动的故事具有情绪感染力，能够让读者更加充分地了解一个人（或品牌）想要传达的主要观点。此外，人们会本能地关注产品的伟大宗旨（如何改善生活）而不是交易目的（如何销售商品和服务）。[10]

因此，我们得到的启发是，通过现实生活中的例子，展示品牌如何利用知识或专长解决客户或整个世界所面临的挑战。

| 案例分析 |

用无人机拯救濒危独角犀牛：塔塔咨询服务公司[11]

塔塔咨询服务公司的网站Digital Empowers提供了一个用"英雄与反派"模式讲故事的典型案例。这篇文章讲述了印度卡齐兰加国家公园（Kaziranga National Park）的管理人员如何用无人机进行"猫捉老鼠的游戏"，以对付濒危犀牛的偷猎者。整篇文章中只有一处提到了塔塔咨询服务公司的工作，但它所传递的信息非常明确——技术可以拯救动物和研究人员的生命。网站刊登了这篇文章的缩略文本和图像视频版本，并在发布后在社交媒体上进行了分享。

解决方案—戏剧

这种结构类似于"英雄—反派"的结构，但它更加侧重于（可能在品牌的帮助下）主角面临的特定挑战。通常情况下，由主角提出一个切实可行的解决方案，并处理某种程度的逆境问题，直到问题解决为止。

第六章
选择形式：受众的需求与文本的力量

| 案例分析 |

隔壁的发电站：森特理克集团[12]

这篇文章发布于森特理克网站的内容中心（该中心名为"故事"）。文章不是简单地概括事实，而是用更加人性化的方式，以参与该计划的一位房主为例，使故事变得生动有趣：

苏珊娜·舒特（Suzanne Schutte）在超市工作，同时她也是一个能源方面的先锋人物。她有两个孩子，一家人住在康沃尔郡（Cornwall）的瓦德布里奇（Wadebridge）。他们家是第一个安装太阳能电池板，并使用尖端电池技术的家庭，这些技术来自一项耗资1 900万美元的试验项目，旨在帮助她所在的英格兰西南部地区进一步开发可再生能源。

通过这种简单的方式，就可以在深入探究企业详情之前，让故事生动起来。

| 案例分析 |

在非洲国家探索数字化捕鱼：塔塔咨询服务公司[13]

这个故事也出现在Digital Empowers上，讲述了塞内加尔以捕鱼为生的妇女所面临的挑战。故事开篇强调问题，接着提出解决方案，并在后文中给出更多信息和背景：

在距离塞内加尔姆布尔镇（Mbour）周边迷人的白色海滩和蔚蓝海水不远的地方，安塔·迪乌夫（Anta Diouf）和另外1 000名像她一样的妇女在高温下劳作，她们要将鱼的内脏清理干净，并将鱼晾干，然后拿到市场上出售。这是一项苦差，而且工作时间很长，但所有的努力都得到了回报……安塔收入增长的关键是什么？答案是她的智能手机。

"如果……"

顾名思义，这是一种非常简单但有效的方法。展望未来的故事会提出挑战，并设想品牌的应对方法。在理想的情况下,你可以增加人文元素,展示如何将你的工作或观点应用于实际。这有助于引发受众的共鸣,吸引读者。

| 案例分析 |

我们离乘坐空中出租车还有多远？霍尼韦尔（Honeywell）[14]

在美国国际企业集团霍尼韦尔的网站上,你将了解到城市空中交通的未来。文中借助一个人在美国佐治亚州交通高峰期内的通勤故事,描绘了未来图景,以及在技术、基础设施和监管方面需要采取的措施。这是一种简单、有效的故事讲述方式,选取少量信息、研究或观点,并将其构建成故事。

这类故事还包括"揭穿一个理论或普遍观点"。

| 案例分析 |

机器人如何改变世界：三菱重工[15]

这篇文章发布在三菱重工的Spectra网站上,以未来机器人发展所引发的不安为出发点。乌托邦/反乌托邦理论是为技术、创新和工业客户构建内容的有力前提,在此基础上,品牌可以讨论自己的技术如何在未来发挥积极的作用。

"怎么样"

另一个讲故事的技巧是,将一个常见的挑战作为故事发展的起点,这对那些写作新手来说很容易操作。通常情况下,你可以根据一个主题进行一次采访或一系列访谈,进而创造内容。如果你选择了一个受众普遍感兴趣的常青话题,那么这些文章会让你不断获益,因为你可以反复将它们从素材库中提取出来使用,或者定期在你的社交媒体平台上分享。

清单体

清单体是一种文本或视频形式,用于罗列汇总数据、事实或建议。这些"扩展

第六章
选择形式：受众的需求与文本的力量

列表"提供了合理、可信的信息，也非常方便读者或观众阅读和浏览。这类内容简单明了，因为它不需要任何复杂的叙述。所使用的路标词也非常简单。

| 案例分析 |

> 扼杀职业生涯的九件事：世界经济论坛[16]
>
> 这篇文章发布在世界经济论坛网站的"议程"板块上，作者是特拉维斯·布拉德贝里（Travis Bradberry）博士。文章以最新的相关统计数据为基础，用排行榜的形式概述了可能阻碍一个人职业生涯发展的行为。这类列表对受众很有吸引力（目前网友对职业和领导力的内容都有浓厚的兴趣），而且创作起来相对简单。

| 案例分析 |

> 影响全球能源未来的三大挑战：三菱重工[17]
>
> 这篇文章发布于三菱重工的杂志中心Spectra。文章内容侧重于技术，但以文字形式呈现，易于理解，同时提高了人们对未来能源所面临的挑战的关注度。文章的结构是一个简单的列表，但见解深刻，文笔精妙。

虽然清单体的创作相对简单（通常来自一位作者或研究人员收集的各种资源），但其中的细节不容忽视，这样才能保证研究的质量。你可以思考一下别人尚未做过的清单，或者对传统方法进行创新。

优秀的清单体往往需要经过深思熟虑，内容精巧且新颖，而糟糕的清单体是重复的低质量内容或已经充斥互联网的、旨在骗取点击的材料。

清单体涉及的内容范围宽泛，从如何高效地生活、如何健康生活，到公司如何从数字革命中受益。[18]可以是原创内容（如特拉维斯·布拉德贝里在世界经济论坛网站上的文章），也可以将其他人的想法、文章或创意结合起来，进行内容策展。

| 案例分析 |

全球五大重磅事件：通用电气公司[19]

通用电气公司有一个成立已久且颇为成功的线上杂志中心，名为"通用电气报告"，该网站每周会发布一则新闻清单。汇总网上有关创新、科学和技术的故事，对内容进行组织和筛选，从而形成"本周全球五大重磅事件"。这种内容策展可以提供来源可靠的高质量、有价值的故事，帮助受众节省时间。

Backlinko（一家SEO培训公司）[20]的研究表明，与其他形式相比，清单类博客以及解释"为什么"和"是什么"的帖子在社交媒体上的分享量更高，此外标题更长的文章也更容易被分享。许多公司和B2B组织已经开始在博客网站中使用清单体。例如，英国希思科保险公司（Hiscox）发布了清单《如何开展摄影业务：走向成功的九个步骤》。协作工具Slack在其网站Slack HQ[21]上发布文章《每个公司都应实施的五项员工保留策略》。

热点文

热点文短小精悍（通常以图像为基础），Axios、Politico和Buzzfeed等网站的新闻大多属于这一类。

热点文包含的信息量有限，但主题明确——有时只关注重要事实。Axios（提供政治、技术、商业与媒体等领域的原创新闻）开发了一种方法，名为"智能简练"（Smart Brevity）。读者最初在网站上看到的文章最长只有300字。Axios会提供一个比较简短的新闻综述（或者在头条新闻下方加一张图片），读者可以点击"详情"了解更多信息。

在网站启用之前，Axios就注意到，受众的习惯在不断变化，[22]也就是说，受众会快速"跳出"，通常2/3的受众只字未读就离开了网站。Axios还发现，受众经常会分享自己还未读过的内容（59%的受众会分享自己完全没有读过的内容）。这项研究还对现有数据进行了补充，阅读报纸的读者日益减少，而读者花在社交媒体网站上的时间越来越多。[23]

| 案例分析 |

> ### 世界经济论坛/今日图表：全球最具创新性的经济体[24]
>
> 这个案例可以告诉你，如何利用一套统计数据或一系列相关图表构建一个故事。这则简短的内容以一组大学和机构制作的《全球创新指数报告》（Global Innovation Index Report）为起点。标题点出了答案，并鼓励读者进一步阅读详情——在世界经济论坛的社交媒体渠道中，涉及国家的列表和排行榜往往能引起巨大的反响。

热点文的篇幅和形式非常适合B2B品牌新闻。如果操作得当，这些故事可以在社交媒体上广泛传播（利用你的图表或精心设计的标题），也更方便受众参与。这类故事能够让读者迅速了解观点，我们希望这些观点能让读者继续步入销售漏斗（旅程）的下一阶段。

问答

问答的形式可以快速提供有意义的内容——特别是当问题经过人们的深思熟虑与精心设计的情况下。如果你的受访者或行业专家知识渊博且才思敏捷，那么创作这类文章比创作普通文章更加省时省力。问答可以通过对嘉宾面对面的访谈（或者通过手机或视频链接），然后转述内容，或者邀请嘉宾写下问题答案，通过电子邮件或其他形式发送给你。

但是请记住，问答内容能否取得成功，取决于受访者是否具有权威性，以及他的观点是否有意义。你可以采访组织之外的人（合作伙伴、供应商或盟友），也可以采访组织内部的人（最高管理层成员、内部宣传者或思想领袖），但你必须介绍受访者。

问答类的文章还需要发挥一个作用，即受访者是否提供了一些新内容？他们是否提出了新的见解？是否发布了产品、创建了团队或发现了新方法？抑或实现了个人里程碑？或者展示了工作的使命、愿景或价值？

在撰写问答类文章之前，你需要先设想标题。想一想这篇文章要面向谁，这段内容的目的是什么，有什么价值。这样的思考也可以帮助你提出更加合理的问题。

以下几条新闻原则为问答类文章的写作提供了指导。

- ▶ **充分准备**：简要介绍受访者。从内部信息来源挖掘背景信息。
- ▶ **帮助受访者做好准备**：事先向受访者提供问题，或者在见面前与受访者讨论你的故事要点。这样可以帮助受访者进行适当的筹划，准备相关或有趣的案例分析、信息、统计数据或证据。
- ▶ **使用开放式问题**：为了获得更多信息和故事，请使用"为什么""怎么样"这样的词来提问。如果你的故事有一个明确的焦点，那么你需要引导受访者聚焦于这个特定的话题："请谈一谈这个……"或者"你是怎么做到……的"。
- ▶ **举例**：如果可能的话，请确保受访者能用现实生活中的例子来佐证他们的观点，说明他们在什么地方或什么时候应用了某个原则，或使用了某个产品或方法。
- ▶ **适当充实**：请记住，你的最终目的是为受众或最终用户提供价值。请受访者提供更多信息或见解，为公有领域中已有的内容提供补充。
- ▶ **倾听**：如果受访者偶然提到了一些你不熟悉的信息，或者这些信息听起来新颖有趣，那么你需要以这些信息为基础，进一步挖掘内容。

圆桌会议

圆桌会议类似于多人问答，能够听到一系列不同声音和见解，是一种相对省时的方式。然而，正如人们所料，组织这种类型的会议存在一定的挑战。如果你想将来自不同组织（可能是你的合作伙伴、供应商或网络）的行业专家汇聚一堂，那么整个过程会更加复杂。

第六章
选择形式：受众的需求与文本的力量

"虚拟圆桌会议"可以解决一些后勤方面的问题，受访者可以通过视频或音频链接参与会议。圆桌会议面临的另一个挑战是主持讨论，使之朝着既定的方向发展，从而为你的故事提供新颖且清楚易懂的信息。

圆桌会议需要经过精心组织，保证叙事弧线。主持人必须知道如何阐明问题，并引导讨论，确保讨论能够尽可能地涵盖各个领域和主题。如果圆桌会议是现场直播，你可以将活动录制成视频，并将讨论内容剪辑成一段较长的视频或者较短的片段，或者原声片段。

长篇文章

在当今繁忙的世界里，要吸引人们的注意力实属不易，但人们也依然喜欢篇幅较长的内容——而你也应该将其视为内容组合的一部分。长篇的高质量内容不仅能够脱颖而出，还能得到广泛分享。[25]英国《卫报》（*The Guardian*）[26]以及Ernest[27]和Delayed Gratification[28]等网站都会向受众提供长篇故事。

因此你应该了解长篇内容的优势。

读者喜欢长篇文章

布鲁金斯学会（Brookings Institution）的汤姆·罗森斯蒂尔（Tom Rosenstiel）进行了一项研究[29]，结果发现，在数字世界，很多受众其实偏爱长篇内容，喜欢阅读篇幅较长的文章。早有研究证明，在多如牛毛的内容中，长篇文章（包括清单、对其他专家的观点汇总）更容易取得成功——只要内容新颖独特，并且有深入的研究作为基础。

| 案例分析 |

如何在优势瞬息万变的环境中竞争：罗兰贝格国际管理咨询公司[30]

这篇文章来自罗兰贝格国际管理咨询公司的《思考：行动》杂志网站，重点介绍了全球创新专家丽塔·冈瑟·麦克格兰斯（Rita Gunther McGrath）的作品。文章以麦克格兰斯在书中提出的有关创新的见解为基础，内容丰富，还包括一个简短的清单（实现个人转折点三个步骤）、图像和图表。

长篇文章可以吸引更多流量

皮尤研究中心的数据表明，虽然短新闻比较常见，并且吸引了较高的流量，但实际上，同样多的用户会用手机阅读长篇文章。有趣的是，研究发现，脸书会为文章吸引较高的流量，而推特则倾向于提高人们花在内容上的时间。脸书用户在内容上的平均用时为107秒，而推特用户平均用时是133秒。研究还发现，在短篇和长篇内容中，脸书的引荐流量更高——社交媒体网站的10次首次访问中，约有8次来自脸书，而来自推特的比例为15%。[31]虽然这些统计数据针对的是以传统方式发布的新闻，但它们也为B2B品牌新闻和故事讲述提供了有用的基准。

长篇文章可以提高停留时间

皮尤的研究人员对Parse.ly①的数据进行分析后发现，消费者花在长篇新闻文章上的平均时间要多于短篇文章（本例中的短文是指少于1 000字的文章）。对比阅读1 000字以上的文章的读者和阅读短篇文章的读者，前者的总参与时间约为后者的两倍——前者平均为123秒，而后者平均为57秒。[32]研究还发现，人们在长篇故事上的用时更长，也就是说，如果故事提供了更多信息，人们愿意深入阅读。而对于短篇故事，他们只是快速浏览就跳过了。

| 案例分析 |

森特里克的故事[33]

森特里克网站上"故事"板块中的许多文章长达数千字。这些文章包括多个要点、引语和多种形式的内容（如滚动图表）以及嵌入式视频。这些篇幅较长的内容会吸引读者观看视频，并了解经过大量研究后得出的观点，提高读者的停留时间。

长篇文章推动搜索引擎优化

长篇文章不仅可以提高读者的停留时间，而且一些研究发现，与短篇文章相

---

① Parse.ly 是一个面向在线出版商的分析平台。——译者注

比，长篇文章还可以吸引流量，发掘更多的潜在客户。[34]也许正因为如此，内容营销研究所在2019年对美国内容营销人员的分析发现，74%的B2B内容营销人员表示，他们在过去12个月内使用或撰写过长篇内容。[35]虽然我们不能为了写而写（长篇内容本身必须是优质的内容），但调查数据似乎表明，有时候篇幅越长越有利。

长篇文章可以证明你的专业性

长篇内容需要你深入研究特定的主题，从而为受众提供最大价值。根据可用空间的大小，你可以在文章中包含更多的信息、背景资料或研究以及关键字，以促进搜索引擎优化，此外也可以增加来自关键人物的引语、金句和信息。长篇内容可以展示你在特定领域的知识或专长，还可以作为电子书的基础，用于销售漏斗的后续阶段，因为受众对特定领域、产品或主题表现出了兴趣。

让受众停止滚动屏幕

无论用什么技巧和形式，故事成功的关键都在于能否与受众产生共鸣。其中一部分取决于你如何研究故事，以及选择了哪些主题——主题是否与目标受众相关？内容的成功与否从一定程度上取决于你如何创作内容，以及以哪种方式呈现内容。正如前文所述，写作方式和叙述结构同样重要。但从某种程度上来说，内容的成功也取决于你所采用的语言、基调和结构。

下面提供一些写作指导，可以帮助你写出更加通俗易懂的内容，吸引受众并与之建立联系。

简单一点：如果你在写企业内容，可能会不由自主地伸手去拿辞典，然后在文中堆砌技术术语和复杂的语句。几乎可以肯定的是，这么做会让读者离你而去。优秀的记者会写短句，使用简单的日常语言。你的目的是让读者读懂你的故事。因此，不要设置阅读障碍。尽量少用形容词，避免将故事写成华丽的散文。

观点、归因和准确性：除非你写的是第一人称作品，否则不要在作品中写对立观点。应该清楚地向读者公开事实、数据和引文的来源。确保你引用的信息来源是可靠的。尽可能提供问题和挑战的解决方案，避免呈现消极绝望的状态。

使用主动句：许多人对主动语态和被动语态的概念争论不休。"猫坐在垫子上"比"垫子被猫坐在身下"更简练且更易理解。第一种表达方式是主动的、直接的，而第二种是被动的、迂回的。主动句告诉我们谁做了什么。这样的句子能够使故事更加清晰，用更少的词语就可以表达同样的内容。

拼写和语法：作家和品牌的声誉都建立在良好的拼写和语法上。如果你很难解决这些问题，可以借助在线工具。所有的计算机都有简单的拼写检查器。此外还有更高级的在线工具，如Grammary[36]或ProWritingAid[37]，可以帮你检查语句的语法、通顺性和其他书写错误。

不必解释：不要害怕直接引用。如果你的文章以员工、专家或其他发言人的访谈为基础，你可以大段大段地引用他们的观点。让他们说话，并审慎地转述他们所说的话。

提高文本在屏幕上的可读性

在竞争如此激烈的情况下，品牌必须优先考虑文本的可读性，特别是现在，许多人会在移动的过程中阅读内容。

下面这些简单的技巧可以提高你的文本在屏幕上（无论是台式设备还是移动设备）的可读性。

- **投受众所好**：人们希望快速获取信息。你可以在文章前面添加摘要或要点。如果受众希望了解详情，他们会继续往下阅读。
- **添加清晰易懂的子标题**：这有助于对内容进行导航，并将篇幅较长的文本进行拆分。
- **使用简练的短句**：可以根据写作风格指导来提升文本的可读性，同时也有必要保持句子和段落简练，保持内容紧凑，切中要害。
- **有清晰的标题**：选择一个令人兴奋而不是令人迷惑的标题——这也有助于

第六章
选择形式：受众的需求与文本的力量

你的搜索引擎优化。

- **分解文本**：使用引号、图像和统计数据，增加内容多样性，如果有必要，也可以加上项目符号列表。

- **改变句子长度以加快语言节奏**：但请记住，句子要紧凑有力。

- **避免使用行话**：在与非技术类受众交流时，不要使用较长的词语、行话或过多地使用首字母缩略词。这条技巧再次强调了上文提到的写作指导，它能确保读者快速浏览你的作品。

- **加粗**：可以将一些短语或引用内容加粗，使其更加突出。

创造真实且富有情感的内容

> 无论是书面语言、口头语言还是视觉语言，都是我们进行沟通和影响他人的方式。讲故事的方式以及优秀的故事——有效的营销——可以在个人和情感层面上引发共鸣。作家、演说家和电影制作人天生就明白这一点，但营销人员对此思考不足或做得不够（海迪·泰勒，《B2B市场营销策略》）。[38]

正如第四章和第五章所述，确保内容能够吸引注意力的最有效的方法之一，是保证内容的真实性。在信息冗杂的世界里，真实的内容可以脱颖而出。下面几则建议将帮助你创作出能够引发共鸣的B2B内容：

- **不要匿名**：在可能的情况下，标明作者的名字，最好包含高层领导者的名字。如果公司内部人员不愿意写作，你可以采访顶尖人才，并在你自己署名的文章中引用他们的观点。

- **关注真实的结果**：如果能用真实的案例和故事来说明你的工作，那么你可以尝试这么做。本章前面的一些案例能够为你提供一些灵感。

- **揭示关于公司的更多细节**：通过现实生活中的案例分析，向读者讲述公司中的真人真事。案例分析不一定是用于销售漏斗最后阶段的技术类文章，也可以作为产品或服务的例证。

- **鼓励团队成员**：在编辑方面提供指导，帮助那些热衷于内容创作的员工，让他们发布内容，并向其他成员展示所取得的成功。

▶ **展示真诚、真实的故事**：正如上一章所述，我们可以通过研讨会寻找有关挑战、结果、成功和失败的真实故事，从而传递令人共鸣的内容。

▶ **舍弃平淡乏味的图库照片**：这一点往往不容易，但你要尝试寻找不常用的方式来存放、展示和发表你的内容。如果必须使用图库照片，你需要设法采用独特的处理方式，增加品牌特征或个性。

▶ **不要忘记影响和结果**：除了事实与数据，细节也很重要——不要忘记可以用来展示结果的所有事（例如个人故事）。

进一步利用文本

你可以根据不同平台的性质对文本稍做改动，最大限度地利用其价值。可以考虑利用以下方式：

幻灯片分享：将你的信息放在幻灯片上，并围绕幻灯片进行设计。通过网络分享实现搜索引擎优化。

领英：如果你是作者，可以考虑多从"个人视角"对文章加以修改。稍微调整文字，从而更加坚定地聚焦你的观点。这种主观的方法，或者更个性化的写作风格，可能不适合你的内容中心，但可以在你自己的领英主页上分享。

声音：保存篇幅较长的文章，将它们转化为播客或播客系列进行分享。

如果想深入了解如何进一步扩大你生产的文本内容传播范围，可阅读第七章关于非文本内容的部分和第九章关于内容分发与放大的部分。

在了解其他有效的B2B故事讲述形式之前，我想用红帽公司全球内容团队的负责人劳拉·哈姆林在接受采访时所说的话来总结本章。关于如何平衡文字内容与其他形式，劳拉表示：

> 文字很重要。但前提是文字是有意义的、原创的、简洁的。也就是说，人们会粗略地浏览。他们可能会先浏览，看看是否有自己感兴趣的内容。

第六章
选择形式：受众的需求与文本的力量

人们还需要知道你希望他们做什么。

下一步是什么？我们需要精力和智慧。在最好的情况下，语言是一种逃避现实的工具。它吸引了我们的注意力，把我们带到了别的地方。无论我们喜欢的是一篇关于软件补丁的博客，还是关于农业未来的视频，文字或文本都能带我们去想去的地方。

第七章

选择形式：图像、视频与音频

第七章
选择形式：图像、视频与音频

人类记忆图像的能力非常惊人。实际上，在一项影响巨大的研究中，研究人员经过数天的再认测验发现，人们能够记住2 000多张图片，记忆的准确率至少为90%[1]。人们对图片的记忆能力一直比对词语的记忆能力强[2]。玛丽·米克（Mary Meeker）在《2019年互联网趋势报告》（*Internet Trends Report in* 2019）中引用了照片墙联合创始人凯文·西斯特罗姆（Kevin Systrom）说过的话："人们一直都喜欢视觉化——我们的大脑就是优先接收图片信息的。文字作品很乏味，是一种迂回之策。形象化的语言才是我们最初的交流方式——现在我们绕了一个圈又回来了。"[3]

无论你是否赞同凯文·西斯特罗姆的观点，统计数据都证明了一个事实：在当今B2B营销界，大多数成功的信息传递都基于或利用视觉和图形来讲故事。随着智能手机的普及，每个人都可以成为视觉故事的讲述者，再加上高清摄像头、滤镜和特殊功能，即使是最基础的图像也能变得令人难忘。虽然有些形式未必适合部分品牌，但大多数内容开发者都开始以这样或那样的形式来使用视觉图。

布鲁金斯学会对多种新闻故事结构（包含图片或不包含图片）的吸引力进行了研究，发现有充分的证据可以证明线上非文字内容的影响力。用照片呈现的故事参与度比没用照片呈现的故事参与度高20%左右，用音频或视频呈现的故事参与度比其他形式的故事参与度高36%。[4]

近年来，人们创造和分享的图像数量猛增——脸书故事（Facebook Stories）、领英直播（LinkedIn Live）、WhatsApp和照片墙故事（Instagram Stories）等平台开始出现，它们不仅仅是内容放大工具，更是内容开发的手段，逐渐成为B2B品牌的常规工具。营销人员现在不仅有更多平台来精确定位他们的特定受众，还可以采用比以往更方便、更具成本效益、更快完成测试并投入使用的新形式和新方法。

我将在本章详细介绍品牌如何利用并尝试视频、音频和基于图像的故事讲述方式，来配合或取代文本内容。

决定从哪种形式开始，自然要以你想通过品牌新闻取得什么样的结果为依据，此外还要考虑现在可用的资源、你自己的知识和专长，以及组织对尝试的包容性。

用视频呈现品牌新闻

近年来，视频内容在B2B和B2C受众中的受欢迎程度呈指数增长，研究显示，视频内容比一般的文本更能吸引人们的注意力[5]。因此，如果你有合适的资源或足够的预算来制作视频，那么你应该将其纳入内容营销组合，无论是将其作为社交媒体上的宣传（放大内容），还是作为内容中心的重要组成部分或故事讲述的基石。

你需要注意的关键问题是平衡。在制定策略，考虑受众习惯及其对内容的反应时，视频应该只是你所考虑的形式之一。虽然你需要根据资源和预算来思考以什么方式呈现内容，但理想情况下，视频应成为内容营销组合的一部分。

领英对英国的一些B2B营销人员进行了调查[6]，发现：

- ▶ 62%的受访者利用视频建立品牌认知；
- ▶ 86%的受访者重视用视频进行产品和服务说明；
- ▶ 78%的受访者认为视频能够帮助他们发掘高质量的潜在客户；
- ▶ 57%的受访者表示，视频能够吸引大量潜在客户。

千禧一代的受众普遍更喜欢视频，此外，随着这些千禧一代成为购买主力，或B2B购买周期中的影响者，组织也应该提高对视频的重视程度。

但是，在创造视频内容时，同样需要谨记应用文本处理品牌新闻时的格言——叙述时必须考虑到受众，创造对他们有价值且他们感兴趣的观点，并考虑如何讲述这些有叙事弧线的故事，以鼓励受众分享和参与。

用视频吸引受众

通常情况下，视频通过将图像、色彩、声音和文本有效组合，从而对受众产生强大的吸引力。在着手制作视频之前，你需要明确制作视频的目的，并强调视频需要产生以下效果：

- **引起注意**：我们希望讲述受众感兴趣的故事，从而在一定程度上吸引他们，使他们注意到我们的品牌。

- **吸引受众**：怎样用故事令受众感到兴奋？深入了解受众的需求和关注点，并在内容开篇展示能够引起受众注意的东西。

- **提供信息**：与文本内容一样，你需要制作能够提供信息或见解的视频故事，帮助受众了解他们的生活或工作方式。即使用视频、图形或图像作为品牌新闻的首选形式，也不要忽视品牌新闻的核心要求。

通过视频传递信息具备哪些优势

通过视频传递信息一般具有以下优势：

- 视频可以直观地展示产品、员工和组织，无须在页面上使用一般文字。
- 视频将图像、声音、音乐和文本叠加在一起，从而在短时间内传递大量信息。
- 视频新闻可以传递激情、情感，且真实可靠。
- 现场报道使你的信息具备即时性和真实性。
- 视频可以让你通过真实的人物塑造品牌形象，提高参与度。
- 在智能手机功能的推动下，新颖又简单的形式正不断涌现。
- 视频可以通过滤镜、图层、背景音乐和创意剪辑，用有趣的方式为B2B内容注入个性和情感。

视频应被视为贯穿整个销售漏斗的工具——它可以有效地培养兴趣（在销售漏斗的顶部），放大信息（在社交媒体平台上），并以长视频和访谈或问答形式深入挖掘（在销售漏斗的中间阶段），或提供更多的技术信息（接近销售漏斗的转化阶段），并使客户购买后感到安心。

品牌新闻视频有哪几种类型

某些视频形式有利于品牌新闻的传播——在销售漏斗的开始阶段，你需要以见解为主且能够创造价值的内容，推动受众进一步走向考虑阶段。你可以将第五章故事挖掘活动中列出的故事改编成视频，或以它们为基础创造新故事。视频只是讲述这些故事的另一种方式。

下面我们将详细阐述视频的类型。

社交短视频

你一定注意到了，当今社交媒体网站上流行着各种短视频，用于传递企业信息、发布新闻和参与B2C。这些视频有不同的名称，但通常是对图库影像进行编辑，有清晰的图形和背景音乐，内容短小精悍。

我将这些视频称为"社交短视频"，因为它们主要用于社交媒体平台，如领英、脸书、推特和照片墙，但也可以嵌入博客帖子或用于网络文章，以补充文本故事。三菱重工的Spectra网站使用了这种技巧，在它的页面上有一篇关于电动汽车的短文[7]，其中植入了一个短视频。不同视频的形式及优势如下（表7.1）：

表7.1 不同的视频形式及其优势

形式	优势与叙事	适用平台
社交短视频	它们在社交媒体上广受欢迎，人们可以完整地浏览视频，这些视频也可以链接到长视频或博客内容。 挖掘时代精神的问题、关键受众的挑战，或解说当前的社会或全球问题	社交媒体网站，如脸书、领英、照片墙和优兔（YouTube）

续表

形式	优势与叙事	适用平台
访谈视频	通过真实人物的故事建立亲密关系和可信度。这是一种相对简单的类型，对脚本编写、拍摄时间和后期制作的要求不高	网站或内容中心
现场直播	领英的视频直播吸引了大量用户，同时也不要忽略脸书上的视频直播，它是面向商业受众的强大工具	社交媒体与网站
动画	10~30秒的短动画可以单独作为洞察性内容，也可以用于宣传并链接到篇幅更长的新闻、博客、采访或视频。 如果难以用图片呈现内容，那么长动画可能是传达信息的有效形式。 如果主题很复杂，利用图像能够简化故事的讲述	社交媒体

尽管今天最成功的视频都是"快餐式的"——短小精悍、正中要害，理论上来说时长在一分钟以内；但实际上，视频的时长没有优劣之分，它取决于信息的深度和复杂性，以及发布视频或内容的目的。随着视频制作的经验积累，你可以不断尝试和学习。随着由人工智能驱动的工具和影片库的出现，在创建简单的视频以用于营销渠道或分发和推广时，所遇到的障碍比以往大大减少了。如图7.1所示，创作短视频的一般流程如下：

编写脚本 ▶ 寻找定格画面或视频影像 ▶ 寻找采访（可选）▶ 寻找背景音乐 ▶ 制作图表 ▶ 编辑和输出

图7.1 创作短视频的一般流程

第一步：编写脚本

在理想的情况下，你可以从已有的博客、文章或白皮书中寻找视频的故事来源。它们能为你提供源源不断的故事。简化语言，用简单的一句话概括故事的各个阶段。这句话可以作为编辑过程的一部分，以图形的形式放入视频中。

第二步：定格画面与视频

如果不能使用组织内的视频或定格画面，那么你可以利用图库素材。试着选出带有人物或活动的图像。如果你有一张非常有冲击力的图像，那么将它放在视频一开始的地方，以吸引人们的注意力。你需要每隔3~5秒就切换图像，保持视频的节奏。

第三步：原声片段或访谈

原声片段或访谈并非视频所必需的，但如果有这些内容，可以提升视频的效果。由于大部分观众在观看视频时会将音量调低，因此你需要添加清晰易读的字幕。

第四步：音乐

网上有很多成本效益高且方便使用的音乐资源。音乐风格需要与你的故事基调相匹配。例如，一个大胆的、影响深远的太空旅行故事，适合用风格鲜明的曲子；比较直白的故事则适合用较为轻快的曲调。如果可以进行专业剪辑，最好按照音乐节奏编辑视频内容。

第五步：图表

图表必须用清晰的大号字体，以方便阅读。确保图表在背景图像或视频中突出。如有必要，将深色文本放置在浅色背景上（反之亦然），以提高可读性。

第六步：编辑

最后，通过编辑将各种资源混合在一起，制成一个社交短视频。你可以制作时长更短的视频，用于照片墙和推特，也可以制作加长版的视频，用于你的网站或内容中心。在每个视频的结尾可以加入行动号召。

第七章
选择形式：图像、视频与音频

|社交媒体视频案例|

世界经济论坛

世界经济论坛利用短视频在其数字平台上引发了强烈的反响，吸引了数以百万计的受众。视频的脚本严谨，图像极具冲击力。视频通常以一个提问、挑战或不寻常的事实开始。你可以访问世界经济论坛的脸书视频页面[8]，查看它所发布的众多视频。

最好可以运用制作技巧或创新的方式来提升视频内容，使其在我们今天看到的众多视频中脱颖而出。回想一下我在第六章介绍的一些短篇文章的文本形式，同时思考视频可以为内容输出带来哪些不一样的影响：

清单体视频	编号列表或摘要报道是一种简单的方法，可以涵盖某个主题并将不相关的案例联系起来。
思想领导力	采访内部的思想领袖和影响者，将访谈制作成短视频和长视频。
解释型视频	在公司内找一位专家来解决一个具有挑战性的课题或问题，并在视频中提纲挈领地介绍一个可能的解决方案。
问答	简单的问答可以变成有影响力的视频，它的制作方式简单，能够提供即时的观点。

|照片墙视频案例|

高盛集团（Goldman Sachs）

国际投资银行高盛集团对其照片墙信息流视频进行了创新。其中一种形式被称为"三件事"，旨在深入探讨混合动力加速、医疗保健传感器和零食消费趋势等主题。用户在视频正片中向左滑动，可以看到三个短视频，滑动即可播放，这些视频用图表为该主题提供了补充信息。高盛还在一些视频中使用了向左滑动的功能，这些视频中包含一个定格画面，图中引述了一位发言人的重要讲话，向左滑动即可观看此人的视频短片。

访谈视频

访谈视频制作简单，可以直接为受众提供价值。这是一种开发思想领导力内容的简单方法，能够立刻发挥影响力，因为视频片段能够将受众与信息背后的人直接联系起来。访谈视频中需要添加字幕，因为线上平台和社交平台上的大部分视频都需要在音量较小的情况下观看。

访谈视频通常用于传达篇幅较长且经过深思熟虑的见解，并且有多种形式可用（如果你看过晚间新闻简报，那么会觉得很多形式都很眼熟），例如：

- 单独引述访谈：短小精悍、切中要害。需要添加字幕，通常用于社交媒体平台，提供一个洞察的切入点，吸引受众参与以了解详情。

- 双人访谈（一加一）：由一个人采访另一个人，视频时长较长。在社交媒体上发布访谈的预告片，并在自己的网站或优兔上发布完整的访谈视频。

- 如果你有多个摄像机，或者对该形式及主持人充满信心，那么可以考虑在现场活动中增加受访者（一加二）。

- 访谈片段精选：精选一些访谈片段，将它们编辑组合在一个故事中，或用蒙太奇手法概述一个特定的主题或经历。

访谈视频最好以"中度特写"的方式拍摄，显示人物的头部和肩部或上半身。在视频结束时可以将镜头拉近，放大人物。与只能看到演讲者或远处图像的广角镜头相比，有面部特写的视频更能吸引观众。

> **新闻编辑室小贴士**
>
> 在品牌新闻访谈中，拍摄受访者在"镜头外"讲话（也就是说，让受访者稍微看向镜头的左侧或右侧），而不是直接面对镜头。考虑使用图形化的"章节标题"来划分受访者给出的答案或内容。如果要传递的信息具有冲击力和紧迫感，那么可以让讲话者的视线"对准镜头"（即直接进入镜头），以提高亲密感和影响力。

第七章
选择形式：图像、视频与音频

进一步利用访谈视频的价值

如果请外部的代理机构或专业的视频团队制作视频，则需要投入相当多的时间和预算。因此，你需要事先制订计划，以便最大限度地利用这些内容的价值，同时考虑将原始（样片）片段制作成其他形式的内容。

访谈视频用途广泛，你可以通过多种方式利用原始材料：

- 精心准备问题，这样才能将访谈视频中的音频剥离出来，制作成播客。
- 根据视频撰写文字稿，将内容上传以实现搜索引擎优化，并使更多人可以看到你的作品。
- 利用访谈视频中的观点开发写作素材，可以对题材归类，也可以考虑单个话题。
- 将具有感染力的访谈片段编辑成可在社交媒体上分享的时长更短的悬念式广告。

现场直播

如果你的公司或组织能够承受直播带来的压力以及与之相关的潜在风险，那么直播就是一个非常强大的工具和品牌新闻呈现方法。新闻节目要从事件发生地和新闻故事的发生地进行现场报道，同样地，品牌为什么不能在自有媒体上进行自己的现场报道呢？领英直播（LinkedIn Live）和脸书直播（Facebook Live）等新兴工具可以使品牌新闻更加简单。

品牌新闻直播的优势

品牌新闻直播的优势主要有以下几点：

- 与分散的受众建立关系；

- 展示你的产品与观点的价值；
- 将自己的员工变成影响者、记者和评论员，提高品牌的知名度；
- 使品牌信息具有即时性——展示你的知识。

今天，B2B营销人员在平台组合上有无数种直播报道的方法。智能手机加上最基本的技术装备，如外置麦克风和三脚架，所有品牌都有机会进行在线直播；如果预算和资源允许，你也可以开发多摄像头多机位的直播方案。

何时直播

对企业的大小活动进行实时的直播报道是一种非常有效的方式，可以使品牌获得关注，并充分利用一场活动或一次体验。理想的情况是，通过一个有众多嘉宾、受众和潜在受访者参与的活动提供观点和信息——这可能是一场内部活动，如供应商活动，也可能是一场赞助活动，品牌召集各利益相关者或合作伙伴，讨论特定的问题、挑战或商业趋势。

尝试在该地区举行一些活动，或者说一些有价值的话，因为直播报道的关键——如同你在晚间新闻上看到的一样——在于活动本身或见解。不用说，有几十个大规模的全球行业活动可以作为直播报道的背景。你需要评估哪一个活动最适合用来开发自己的实时新闻，以及如何着手创造内容输出。不要被任务吓倒——依靠现在的智能手机技术，就算是规模最小的B2B公司，也可以进行"直播"。

| 案例分析 |

高德纳咨询公司（Gartner）在领英直播

高德纳咨询公司在领英直播上发布了"高德纳让你更智慧"（Smarter with Gartner）系列内容，领英直播以其洞察力和思想领导力吸引了广大观众。最新一集——对高德纳的一位副总裁进行了半小时的采访，观看量达到80 000人次，共收到评论800多条。

第七章
选择形式：图像、视频与音频

在哪里直播

有很多方法可以帮助你直播组织内部活动（视频、信息和访谈）或你正在参观、展览或参加的外部活动。

网站： 根据直播的目的，你可以用优兔及其嵌入式软件，或者利用Vimeo（一个视频播客网站）的实况直播技术在自己的网站上进行直播。无论采用哪种方式，其设置对你的技术团队或外包视频代理机构来说都不算难。

社交媒体： 很多平台都增加了直播或类似直播的功能。我们逐渐发现，B2B品牌可以在以下平台进行直播：

- 脸书：利用脸书直播功能与受众互动。网络安全公司瞻博网络（Juniper Networks）曾利用该功能邀请专家进行问答会议。此外，世界经济论坛的脸书页面也会定期直播达沃斯年会和论坛的读书俱乐部。
- 领英：通过领英直播直接申请广播功能，并借助该平台对访谈和公司活动等内容进行直播。
- 照片墙：照片墙故事可以帮你发布活动信息并追踪活动进展，也可用于活动直播报道。与照片墙的其他帖子不同，照片墙故事允许包含链接。此外照片墙也开通了直播功能。

| 案例分析 |

思科公司（Cisco）在领英直播

思科公司利用领英的直播功能向250万受众直播了员工访谈，讨论公司文化。话题包括工作、生活平衡以及对实习生的面试。

利用图像讲述复杂的故事

正如前文所说，在文字内容中加入图片、图形和信息图能取得良好的效果，但

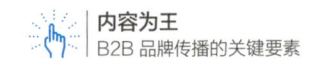

随着以图像和图片为主的社交平台日益流行，图像本身也成为一种讲故事的形式。在理想情况下，在创作原创文章的同时，也要制作图像和用于社交媒体分享的内容形式，将它们嵌入领英、推特、脸书、照片墙和其他社交网站，或者使其成为社交媒体营销的一部分。

信息图

在品牌新闻组合中，有很多信息图可以用来讲述复杂的故事。它们可以替代文本，有助于完善或补充纯文本的文章。

信息图的制作可能需要耗费大量的时间和金钱，但事实证明，这是一种非常有效的形式，你可以将一幅较大的信息图"切分"成多个社交媒体图像。作为一种视觉资产，信息图通常能为搜索引擎优化提供帮助，但它也可以用于销售漏斗的底部阶段，与特定受众针对小众话题进行互动。无论你的目的是什么，在开始构建信息图之前，都要了解一些关键原则：

- **常青主题**：选择一个"保质期"长的主题，你可以在一段时间内持续利用该主题。如果一个庞大而复杂的信息图只有很短的使用期限，那么对它的投资就没有多少意义了。

- **结构**：尽早为信息图起草脚本或剧情梗概。你可以将这项任务委托给代理机构或图像部门去做，但无论由谁完成，都要确保在图形制作或确定最终方案之前，你已经清楚地了解整个图形的"旅程"。

- **研究**：在委托任务或发布任务简介之前，先看看其他人的设计和作品，以确定你想要什么样的图形。信息图通常由代理机构或外包的图形设计团队制作。对代理机构来说，最大的问题是将客户大脑中的想象可视化——不同的人制作的信息图可能存在巨大的差异。

- **投资**：将时间和金钱投入到必需的调查研究中，为信息图提供信息支持。保证你要使用的数据有足够的深度。单薄的数据无法产出优秀的成果。

第七章
选择形式：图像、视频与音频

> **关于信息图的格式，请记住：**
>
> - 最好采用纵向的信息图形式，确保受众无论使用台式电脑还是移动设备，都可以从上到下滚动屏幕阅读信息图。
> - 叙事弧线：确保你的信息图有一个叙事弧线——像写文章或制作视频一样清晰地讲述故事（例如先提出一个挑战，然后是解决方案和结果）。
> - 品牌色彩：在可能的情况下，与品牌的主色调搭配，确保你在各个平台上呈现的外观和感觉一致。
> - 可读性：有很多信息图不易阅读和理解。确保你所使用的色彩、字体和字号能够最大限度地提高可读性。

图形、图表和统计数据

你与团队可以创造简单的图形，以补充或讲述你的故事。如上一章所说，图表与统计数据可以构成热点文的基础。一系列图表——或者深入研究一份长篇报告，用图形作为讲故事的主要手段——也是传递信息的一种方式。图表在社交媒体平台上也能发挥良好的作用，因为它很方便分享，从而让更多的人看到你的故事。

如果图表并非来自你自己的研究，那么必须确保每一张图表都有可靠的来源和充分的参考依据。确保图表清晰，方便阅读，能够在短时间内清晰地传递可视化信息。此外，还要确保图表有明确的标题，准确地概括图中所包含的内容。

| 案例分析 |

工业化经营中的5G技术：凯捷咨询公司（Capgemini）[9]

这张图表清晰地描绘了关于5G的故事及其对工业化经营的影响。这是一张纵向的独立事实列表，带有图表和图形，但它也可以作为一个完整的故事，反映一篇深度报告的内容，用户可以点击查看完整的报告。

| 案例分析 |

世界经济论坛[10]

这12张图表展示了过去200年间世界人口的爆炸式增长。世界经济论坛经常将合作机构或有正当来源的图表和图片汇集成一篇品牌新闻，发布于"议程"页面上。这则案例中的12张不同的图表和动画组合起来，共同讲述了一个有关人口增长的故事。

动画和交互图形

在长篇文章中插入动画，或者用动画补充文本内容，可以提高受众的停留时间，有助于分享和受众参与。可以从长篇内容中提取一个主题，用动画的形式呈现，也可以用动画讲述一个完整的故事。

| 案例分析 |

人工智能为客户提供个性化能源。方法如下：森特理克集团，故事[11]

这篇长篇文章中的滚动图形讲述了世界范围内互相连接的物联网设备的数量。图形会随着用户滚动屏幕而产生动画效果，以更具视觉吸引力的方式传递简单的事实。

| 案例分析 |

边缘计算、雾计算还是云计算？
物联网如何改变数据处理的方式和地点：怡安集团，简报[12]

这篇文章来自怡安集团，深入探讨了如何处理物联网产生的大量数据。为了更加直观地说明不同的数据集在哪里进行处理，编辑制作了一个简单但令人印象深刻的交互图形，提供了一组场景，你可以点击任何一个场景阅读详情。

第七章
选择形式：图像、视频与音频

音频：播客的兴起

随着受众不断寻找获取信息的新形式，音频内容日益流行起来。尤其是播客在英美两国获得了极大的发展，受众希望借助媒体扩大对无线广播的使用[13, 14]。

爱迪生研究公司（Edison Research）的调查显示，超过1/3的受访者表示，他们在上个月收听过播客——自2013年以来，这个数字每年都在攀升——而播客听众平均每周会收听七次播客。一些研究发现，超过60%的B2B买家在购买过程的早期阶段很重视播客。[15]

收听播客的人越来越多，喜欢播客的人往往对播客充满热情，但事实上，许多品牌并没有像对待"常规媒体"那样将足够的精力投入到播客的制作中。首先，播客的创作和制作需要惊人的工作量——从制定策略、寻找录制地点、挑选合适的嘉宾，到预约时间、设计问题、录制、编辑，最后上传。

软件公司红帽公司的全球内容总监劳拉·哈姆林向我解释了他们如何通过播客《代码英雄》（Command Line Heroes）获取创意并保持受众的关注度。[16]该系列节目的目的之一是利用红帽员工和非红帽员工的声音，建立品牌认知和亲和力。

> 为了制作播客，我们开始了一次聆听之旅，重点关注世界各地的科技事件。我们已经对目标受众进行了数百次采访，了解他们的职业生涯、成长经历（身世故事）、他们现在从事什么工作，以及是什么激励了他们。我们还与公司内的员工分享播客主题的想法，因为他们中的许多人可以代表我们的目标受众。我们的团队还会跟踪影响者，了解他们的侧重点。同时，我们也试图跳出主要的故事线，看看能否找到一个切入点。

制作成功的播客

你可以通过播客培养一批忠实度高且稳固的追随者（一段语音内容会营造一种亲密而真实的感觉），但对大部分B2B和企业营销者来说，问题是如何保

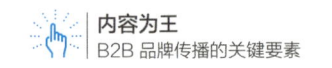

持这种形式的稳定性和持续性。我们这些曾经制作过广播节目的人可以证实，制作高质量的音频内容需要付出时间、精力和努力——如果你的品牌打算利用这种内容输出形式，那么正确的制作方法非常重要。在开始之前，你需要注意以下事项：

- **制作系列节目**：如果你想尝试播客，可以先制作一个简短的系列节目，而不是一周发布一次播客，结果却无法维持下去。你可以先推出一个系列节目作为短期尝试，如果感到精疲力竭（或者没有达到目标或关键绩效指标），那么你可以将资源转移到其他地方。

- **受众至上**：受众需要或想知道什么，你如何帮助他们？就像我们思考如何为品牌新闻开发故事一样，你需要考虑每周或每一集的播客要谈论什么以及为什么要谈论这个内容，并确保你能够创造价值。

- **明确目标**：你希望通过播客实现什么目标？如何通过播客实现这些目标？明确了播客目标以及你要讨论的内容之后，成功概率也会提高。例如，乔氏超市（Trader Joe's）的播客针对的是内部员工，其名称和内容都反映了这一点。它在播客应用程序上获得了内部团队成员的好评。

- **找一个主持人**：如果能请一个随和又有魅力的人来主持播客，那就太好了——仔细搜索你的传播和营销部门，你有可能会找出两个主持人。但如果找不到内部"人才"，那么你可以请一位自由职业者，或者更好的选择是请一位影响者或博主，可以直接提升播客的可信度。红帽公司的营销部门邀请品牌大使兼专家萨伦·伊特巴雷克（Saron Yitbarek）在播客上讲述自己的故事——第二季后，该公司的播客下载量超过50万次[17]。

- **重视品质**：以品牌之名输出的任何内容都应当具备良好的品质。确保你或你所邀请的演讲人或者制作者（如果你将该任务外包，也要确保代理机构）做好准备工作，事先准备好问题，保证你所讲述的是受众需要的故事，能够从正确的角度传递正确的信息。

- **寻找发言者**：想一想你要在播客中采访谁，他们会谈论什么。确保你的主题所衍生出的内容能够支撑多期节目，并且始终吸引受众的关注。在理想的情况下，品牌会从自己的组织成员中寻找多个发言者（主持人或嘉宾），但是采访与品牌价值观一致的其他人或能够向受众提供有价值见解的其他人，也能增加品牌新闻的真实性和可信度。

播客案例

戴尔（Dell）播客《大家之见》（*Luminaries*）

戴尔的播客《大家之见》是一个杰出的案例。节目聚焦行业发展，如"5G的到来……将改变连通性"，也涉及广泛的新闻类内容，如"通过设计……促进科技行业的多样性"。该播客是一个值得效仿的优秀案例，原因主要有以下几点：

- 它是一档定期发布的连续的播客节目，所邀请的嘉宾来自戴尔、合作伙伴和分析师的人际关系网。
- 主持人马克·谢弗和道格拉斯·卡尔（Douglas Karr）知识渊博且专业素养极高，提升了整个节目和讨论的价值。
- 包含各种形式和内容——有文字稿，外加详细的介绍和完整的背景信息。
- 容易获取和理解——在说明中列出本期播客的内容要点，鼓励参与。
- 附带的文本易于阅读，文本多样，有引述，且注重质量。
- 提供每一位嘉宾的个人小传，介绍他们的身份以及值得收听的原因。

来自其他B2B品牌播客的经验

美国家得宝公司（Home Depot）——给我一个"家"（Give me an H）[18]：概述家得宝公司的可持续性工作与资历、基于价值观的企业文化，以及企业为保证供应链稳定而做出的努力。该播客是企业传播营销组合的一部分，已经吸引了成千上万的听众。

乔氏超市的幕后（Inside Trader Joe's）[19]：强调企业文化与幕后环境。乔氏超市的播客深入幕后，访问企业员工。节目幽默轻松，用走进商店的方式，揭开企业价值观和文化的面纱。节目以企业内部为焦点，对内部员工和可能会加入企业的新成员都很有价值。

Leadpages.net——发掘潜在客户（The Lead Generation）[20]：这一系列节目的特点是与企业家就其工作与挑战进行坦诚的对话。节目持续播出，其形式与主页设计十分清晰。每一期播客的页面都包含如下内容：

- 本期播客内容的要点；
- 对话文稿（有助于搜索引擎优化）；
- 播客中所提及的所有资源清单与链接；
- 为本期播客的听众推荐讨论话题；
- 后续行动呼吁。

第八章

内容中心：为故事寻找根据地

第八章

内容中心：为故事寻找根据地

为这些高质量的新闻故事寻找合适的"根据地"，这不是易事。如果你的组织要培养思想领导力，或者开发以故事为基础的内容，那么你需要准备一个专门的空间，且这个空间要大于企业网站上一个简单的博客页面。你需要对企业故事进行分类，或者构建体系，方便用户浏览。这样一来，你的网站才能进一步吸引受众，提高他们的停留时间或在网站上花费的时间，从而提高品牌知名度，并带来相关成果。被你的内容所吸引的受众会回来点击你的网站，这是进行对话并将他们转化为客户的机会。

专用空间、内容中心或微型网站可以帮你衡量故事的参与度和流量；你也可以培养对某一特定领域、行业或主题感兴趣的受众，或者在受众与品牌或信息之间建立联系。一个专门的内容中心可以通过分发时事通讯并在社交媒体上发布帖子，提升其知名度，吸引受众访问内容中心，而不是简单地通过社交网站或非专有网站讲一个故事——现在还想通过这样的一般网站开始销售旅程几乎是不可能的。

许多在内容领域拥有丰富经验的品牌在其网站导航栏上都有一个品牌故事的特定标签。随着公司在内容开发上的进步以及思想领导力的成熟，它们现在可以用更有创意的方法来标识这些页面。因此我们现在看到了Eniday（来自意大利埃尼集团）、Insights（来自Agilitylogistics.com）、enterprise.nxt（来自慧与科技公司）[1]、Knowledge Center（来自美国联合包裹运送服务公司）[2]、Walmart Today[3]或Perspectives（来自IBM官方英国博客）[4]。其他品牌为特定的目标受众、部门或内容领域设置了内容中心，例如Txchnologist（来自通用电气公司）。

让博客更上一层楼

你的组织可能会投入大量资源、精力和预算来建立一个像出版物一样的独立站点，而不是简单地在网站上设置博客页面。这样的独立站点可能更像一本数字杂志，或者用一种内容发布方法，开发一个独立的"站中站"。

无论采用哪种方式，内容中心都可以成为主题化内容的根据地，这些内容可以被标记或加上品牌商标，使其符合整体的品牌价值观，并吸引目标受众。有了源源不断的材料且受众规模扩大之后，你就可以进行付费推广，并建立品牌吸引力。在接受我们的采访时，内容策略大师罗伯特·罗斯强调，无论以什么方式，企业都应努力创造内容：

> 在我看来，真正的关键在于，大多数品牌没能打造自己的平台、出版物以及内容重心。它们只是在自己的网站上建立一个又一个分散的内容资产。因此，对它们来说，创造第一篇内容和创造第473篇内容在难度上没有什么差别。建立一个内容库、杂志、资源中心或重心，使受众可以从中找到内容，这才是最重要的部分。人们不会订阅个别内容。他们订阅的是可以持续获取的内容。这就是创造和培养受众群体的意义，但老实说，大多数品牌都没有做到这一点。大多数品牌将内容视为推动交易的资产，这种交易可能是注册或加入营销数据库——品牌称之为"受众"，但他们还不是受众，只是因一篇内容做交易的人。订阅者希望能看到下一篇内容。转变态度，而不仅仅在数据库中列出一组交易性营销条目，才是当前培养受众的关键。

如图8.1所示，内容中心组建方法一般有如下几种：

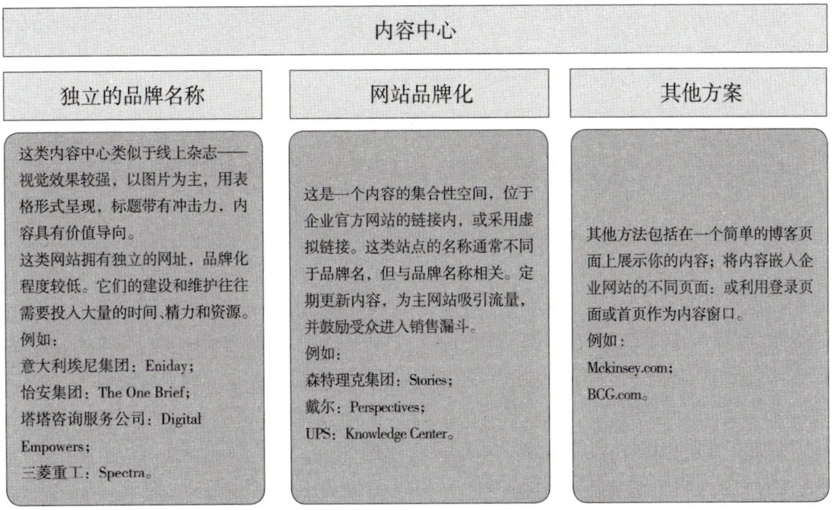

图8.1 内容中心组建方法

内容中心

独立的品牌名称

这类内容中心类似于线上杂志——视觉效果较强，以图片为主，用表格形式呈现，标题带有冲击力，内容具有价值导向。
这类网站拥有独立的网址，品牌化程度较低。它们的建设和维护往往需要投入大量的时间、精力和资源。
例如：
意大利埃尼集团：Eniday；
恰安集团：The One Brief；
塔塔咨询服务公司：Digital Empowers；
三菱重工：Spectra。

网站品牌化

这是一个内容的集合性空间，位于企业官方网站的链接内，或采用虚拟链接。这类站点的名称通常不同于品牌名，但与品牌名称相关。定期更新内容，为主网站吸引流量，并鼓励受众进入销售漏斗。
例如：
森特理克集团：Stories；
戴尔：Perspectives；
UPS：Knowledge Center。

其他方案

其他方法包括在一个简单的博客页面上展示你的内容；将内容嵌入企业网站的不同页面；或利用登录页面或首页作为内容窗口。
例如：
Mckinsey.com；
BCG.com。

独立的品牌名称

为杂志或线上出版物单独设计一个符合其外观及特质的名称，不仅可以清晰地反映其主题，提升用户体验，还可以吸引用户浏览网站，提升参与度，避免用户的注意力被企业网站上的其他内容分散。

i-CIO（源自日本富士通公司）或CMO杂志（源自奥多比公司）等网站都是典型的例子，它们都是纯粹的内容中心，能为受众提供清晰的价值。虽然这些网站的基础仍然是品牌案例和品牌宣传，但没有使用醒目的品牌标识，而是通过它们提供的观点和信息来传递价值。总的来说，这些网站中的内容和故事——以及其他网站，如成立多年的GE Reports[5]——信息量大、品质高，且具有独特的吸引力和价值。

这类网站大多拥有一个醒目且令人印象深刻的首页，使用带有移动响应式设计的醒目的视觉图像。杂志名称通常不同于品牌名，并独立于公司的官方网站；理想情况下，这种杂志的品牌化十分微妙（通常在页脚或右上角挂上简单的品牌标识）。如果采用线上杂志的形式，请记住，在首页将鲜明的图像与既能概括故事内容又能吸引用户或读者的精彩标题组合起来。

这些内容中心的人员配置也与杂志相似——有专门的内容团队，由使命和目标明确的主编领导，还有独立的预算，用于购买内容或委托内容制作。这类网站中的部分佼佼者都已创建多年，培养了大批受众，依靠专业的知识与持续不断的高质量内容吸引人们的注意。网站Eniday[6]（能源供应商埃尼集团将其描述为一个项目，与品牌的关联性不明显）讲述业内"前沿发展"，以及那些每天将地球的自然资源转化为能源的人的故事。它重点推广与能源相关的积极故事。

怡安集团的内容中心"简报"[7]有自己的定位：为受众带来"世界各地专家发人深省的视角"。它提供专家级、专业级的内容，以商业领袖为受众。全球营销内容高级经理韦内塔·利纳斯·帕里斯（Venetta Linas Paris）表示，公司将"简报"打造成"品牌新闻冠军"，帮助公司从不同角度更清晰地阐述自己的故事，让广大受众对各种重要主题有更深入的了解[8]。她希望改变受众对怡安集团的一般品牌认知，使其清楚地认识到品牌所涵盖的话题广度。

| 案例分析 |

通用电气报告

如果你是一家拥有120多年历史且全球员工超过28万人的公司，那么你该如何与来自世界各地的广大受众交流？这就是通用电气公司面临的挑战，而众所周知的是，该公司在内容方面有一套创新方法。"通用电气报告"一直被视为讲述企业故事的"典型代表"，它是公司营销计划的核心，其文章有《连线》（Wired）杂志的风格（主题涉及科学、技术和创新），每个月吸引成千上万的读者。主编托马斯·凯尔纳（Thomas Kellner）表示，他希望通过该报告为读者提供新鲜内容。他谈到要"百分百地重视故事"，创造有"真实主角"和"真实结果"的故事。[9]凯尔纳还表示，"通用电气报告"发布的内容必须要告诉读者一些他们过去所不知道的新鲜东西。凯尔纳为"通用电气报告"撰写了很多故事，他周游世界寻找素材，然后将它们写出来。但是，地方网也有市场级机构和合作伙伴的支持，能够提供更有针对性的本地化内容。凯尔纳写道：

> 这是一个新闻中心，每天都有成千上万的读者打开这个网站，了解关于最新技术突破和发展的新闻与观点，包括医学、发电和航空的未来。投资者也能在这里了解通用电气如何盈利。[10]

嵌入网站还是独立杂志？

上述品牌已经建立了独立于品牌网站之外且带有清晰刊头的杂志。这需要长期的资源投入。其他品牌选择将自己的内容中心放在品牌主网站上——不带品牌商标（例如世界经济论坛的"议程"板块），或者将其命名为"洞察"或"观点"。

与独立存在的网站相比，这些嵌套在品牌网站上的页面可能缺少一定的优势，但这也是一个为品牌新闻打造"根据地"的好办法。

明确愿景与使命

本章所阐述的大部分内容中心都有雄厚的实力背景，经过了一定时间的发展，已基本成熟，吸引了众多受众，证明了它们对传播团队和营销团队的价值。

因此，就品牌新闻来说，第一步是明确内容的使命，这一点至关重要。如果你想制作一个定期发布的、专门的出版物（无论是针对利基主题还是宽泛的兴趣），都需要投入大量的时间和资源。回顾关于"制定策略"的一些章节的内容，了解如何规划目标、定位受众以及明确目的。

无论受众的性质、规模或背景如何，都要让他们感受到网站的内容与他们自身相关，具有针对性和价值。无论涉足哪一个有趣的领域，你都必须完成基础性工作。从特定的兴趣领域、利基领域或行业重点领域挖掘内容——或者受众认为与自己或业务相关的故事——此外，内容还需要提供解决方案或见解。在确定你的关注点或主题领域之前，先对竞争对手的内容进行盘点（参见第五章）。

总部位于英国的能源和服务公司森特理克集团开发了名为"故事"的内容中心，考虑到品牌的目标受众且为了实现长期的成功，该内容中心被托管在企业的主网站上，前数字通信主管劳拉·普莱斯这样解释道：

> 创建内容中心时，我们不打算"走捷径"。我们绝不是想讲几个故事，然后再回到过去陈旧的传播方法上。我们非常认真地对待内容中心，它将成为传播交流的支柱。这么做的好处在于，在一个组织中，你通常要等内部业务部门将新闻发给你，然后你再将新闻发布出去，或者你要等待某些事件发生。但是，在为自己的内容中心创造内容时，你可以完全控制发布什么内容，在什么时候发布——这对我们来说是一个长期的过程。

信息技术跨国公司塔塔咨询服务公司在世界经济论坛上推出了其独立的内容中心Digital Empowers，作为宣传活动的核心。该公司的首席营销和传播官（全球市场）阿比纳夫·库马尔（Abhinav Kumar）表示，他们的主题是证明技术可以在哪些方面"带来好处"：

> 我们希望借助Digital Empowers活动和网站，让人们从更加积极的角度看待数字技术的潜力。当今媒体对技术的报道大多是负面的（自动化导致的失业问题、隐私侵犯、网络安全漏洞等），因此我们希望展示技术的另一面——技术为人类带来的好处。该平台的重点是利用我们与合作伙伴的故事展示技术的正面价值。我们为农民和渔民构建了一个移动应用程序，让他们了解过去他们可能不了解的信息，例如定价、市场和天气。了解了价格，他们就能更好地确保自己的产品价值，减少对一直以来掠夺他们的中间商的依赖。我们希望发挥技术的积极影响。利用故事传递信息并不是一种新趋势——从狩猎采集时代开始，我们就知道故事的影响力，故事所带来的情感联系也不是什么新鲜事。我们希望这些故事能够吸引人们的注意力，并维持这样的关注度。

寻找合适的故事

如何为内容中心寻找合适的故事？第四章对比有详细的阐述，因此我在这里将简单概括如何开始寻找合适的故事：

1.从企业目标或优先事项开始——公司或组织的目标是什么？其产品属于什么领域？地理位置如何？提供哪些服务？

2.利用Onalytica、Radarly或Pulsar等工具了解受众的兴趣。另外，市场上还有很多工具，可以帮助你细分目标受众感兴趣的内容以及他们在线上讨论的内容。

3.创建一个清单，至少列出受众在商业生活中所面临的12个挑战，针对这些挑战提出的观点会大受欢迎，或有助于实现目标：

（1）首先从整体开始考虑

a.他们如何适应不断变化的环境？

b.他们如何确保自己具备正确的技能和知识，从而在未来的工作环境中取得成功？

c.他们如何理解所在行业的关键挑战？这些挑战是什么？

（2）深入探讨与受众专业领域或行业相关的更加具体的话题

a.对商业现状造成哪些重要的影响？

b.其他人如何应对这些影响和挑战？

c.在该领域、行业或部门有哪些最佳的实践操作？

4.确定了主要的故事或感兴趣的领域之后，就可以组建编辑团队或新闻团队来支持组织内的故事挖掘和呈现。详细的技术方法请见第五章。

为专业受众提供高质量内容

成功的内容中心会为各种各样的受众提供有影响力和价值的故事，并清晰地标出网站中有什么内容。思爱普的内容中心D! gitalist[11]为企业的最高管理层和各类技术专家提供了丰富的内容，但大部分内容的主题十分宽泛，对一般受众也有吸引力。借助这些简单易读的有趣故事，D!gitalist的团队创建了一个优秀的内容中心，能够持续不断地提供价值，吸引人们订阅。其内容既有解决多样性和工作的未来等问题的高层次商业洞察，也有与广泛的技术部门紧密相关的兴趣领域（首席信息官知识、首席财务官知识），还有与思爱普业务（如云服务和网络安全）紧密相关的故事。网站通过两个索引菜单对故事再次细分，包括客户体验、数字经济、机器学习和物联网。

像D!gitalist这样的网站利用了来自这个庞大企业的内容，内容作者来自各个领域、部门和地区，能够提供与网站所涵盖的广泛主题相关的内容。D!gitalist的主编克里斯塔·鲁（Krista Ruhe）向我解释了网站的概念和方法：

> 我认为，除了通过产品和服务信息进行营销之外，还必须通过其他方式吸引客户和潜在客户。D!gitalist所采用的方法之一是针对目标受众试图解决的复杂问题提供多个观点。如果我们能够为他们提供内容，提升他们的认知，帮助他们更好地完成工作，我们就为他们的生活创造了价值。这种价值建立了信任，而信任又发展成购买意愿。
>
> 每年我们都会对读者进行一次调查。在调查中，我们请读者将D!gitalist与其他出版物（他们从这些出版物中获取数字转型的相关信息）进行对比。他们提到了《哈佛商业评论》（*Harvard Business Review*）、《弗雷斯特》（*Forrester*）和《麦肯锡》（*McKinsey*）等出版物。这些都是非常优秀的出版物。
>
> 我们还发现，内容营销是针对一个话题建立信誉的有效方法。你只有先树立信誉，才能成功地进行销售或营销。内容营销在销售漏斗的初始阶段发挥着重要作用，在这个阶段，一个拥有权威或影响力的人会收集可靠的信息，以了解客户旅程中的复杂主题。

怡安集团的"简报"[12]等网站每个月会针对每个主题发布三篇以上的故事，从而为读者建立一个有深度且稳固的资料库。网站没有明确标明内容发布的时间，如果你的内容经久不衰，需要将它永久保留在网站上，可以采用这种方式。如果你的内容具有时效性，需要保证内容是最新的，那么你应该标明内容发布日期，并定期更新参考资料、汇率或货币信息。

与团队确定了内容发布的节奏后，就要以这个节奏坚持下去。对全年的资源进行规划，进行相应的预算管理，确保你不会在财政年度的前几个月就用完了全部资源或预算。

在制定战略时，建立一个草案或简单的进度表，帮助你保持节奏，除了鼓点内容之外，还可以规划具体的或有针对性的活动。

思爱普"客户参与和商务的未来"网站记者兼编辑艾米·哈奇表示，网站成功的关键在于持续不断地提供高质量、高价值的文章。[13]思爱普全球数字营销副总裁迈克尔·米什克（Michael Mishker）表示，该网站随附的时事通讯的阅读率在21%~23%之间，但大多数订阅者在订阅前会在网站上阅读7~8篇文章。在注册之前，他们会花时间分析内容是否与自己相关，并判断内容的质量和价值。

扩展企业叙事

波士顿咨询公司（Boston Consulting Group）的BCG.com网站是一种略有不同的内容中心模式。从主页开始，该网站将讲故事和品牌新闻贯穿于整个网站，将企业的头条新闻（如最新的业绩成果）与品牌新闻以及主题化内容和故事结合在一起。虽然从技术上来说，该网站的"新闻"（Newsroom）页面不属于内容中心，但它也不属于公关中心，而是更像一本杂志，为专业的金融受众量身定制有关金融科技和小额信贷趋势的文章。

波士顿咨询公司的网站[14]将洞察类内容和思想领导力内容放在首页的中心位置——一幅图像和一个故事占据了首页，借助一项研究提供多个视角和接触点。网站"最新观点"（Perspectives）页面的编辑团队针对多样性的价值、大数据对企业发展的影响、零售业的瓦解等话题提供了深刻的见解，他们正努力从全球合作伙伴关系中挖掘引人入胜的主题和观点。这些故事通过多个社交媒体平台被分发和放

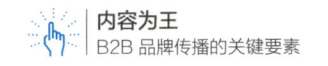

大，吸引了能够与企业进行对话的高质量受众。

受众驱动主题

要想引发受众的真正共鸣，你必须投身到对受众重要的故事中。你可以看一看总部位于美国北卡罗来纳州的杜克能源公司（Duke Energy）的内容中心Illusmination[15]，它承诺提供"具有启发性、内容丰富且鼓舞人心"的故事。该网站于2016年启用，所发布的故事涉及节约能源、能源运输与效率建议，并透露公司员工的幕后故事。Illumination的前身是一个面向员工的内部网站，因此能够让人产生共鸣并感受到真实性。Illumination的联合编辑格雷格·埃菲米奥（Greg Efthimiou）在网站启动时表示，品牌新闻是与公司受众直接建立关系的一种方式，通过社交媒体和电子邮件分发列表驱动增长。[16]

| 案例分析 |

慧与科技公司的enterprise.nxt——面向专业受众

慧与科技公司向专业的技术类受众（即"信息技术专家"）推出了具有针对性的内容中心enterprise.nxt[17]，通过杂志类型的内容来吸引这一部分受众。该内容中心既包括宽泛的技术内容，又涵盖了专业级的内容。内容的关键在于是否便于理解、有活力且引人入胜。同样地，作者和编辑也在努力创造对读者有意义的内容。该网站自称拥有"来自顶尖专家的最新分析、研究和实用建议"，且周电子邮件的订阅量达120万。

网站的各个板块侧重于不同的主题，例如新兴技术、集装箱与创新等主题，以引人入胜的视觉图像和富有冲击力的标题吸引读者和订阅者。该内容中心以微妙的方式融入品牌形象，且外观时尚好看，基调温暖迷人。这个案例再一次证明，与其他行业类别相比，科技（工程）行业在品牌新闻方面抢占了先机。

建立清晰的结构

为了使读者了解他们将持续在你的内容中心阅读和看到哪些内容，你需要建立一个能够灵活满足业务需求的简单的主题结构。

在理想情况下，首先要将受众进行细分，明确他们的需求。根据对这些需求的了解，开发相关的、具有预见性的故事，并将这些故事与核心业务相关联。例如，作为专业的服务和保险公司，怡安集团在其内容中心"简报"[18]上探讨风险和创新、人员和组织、资本和经济等主题。主题范围广泛，灵活多变，并能随着业务重点的变化而变化。

在内容中心添加右侧导航栏，引导受众深入阅读，从而进一步培养受众对话题的兴趣，并展示你的内容策展能力，同时考虑在网站的每篇文章底部添加可进一步阅读的相关文章列表。可以是你自己的内容，也可以包含指向外部网站的链接，主流媒体（如《财富》杂志或《华盛顿邮报》）可能提供了更加深入的见解。

制作独立的品牌杂志有很多好处，但所需要投入的时间、精力和预算也不容低估。和当今数字化环境中的商品一样，读者希望进行持续的双向对话，并且定期看到内容发布。如果采用这种方式，无论你的内容来自内部还是外部，都要做好打持久战并为优质内容投资的准备。那些致力于生产杂志类型内容的品牌的确从中受益匪浅，但前提是这些品牌的高级管理层认可这种做法，因为这需要投入大量资金。

第九章

内容分发与放大：培养忠实的受众

第九章
内容分发与放大：培养忠实的受众

如果经过充分研究、精心准备、专业编写和严格制作的内容无人问津，那么创造这样的内容就毫无意义。你的目的是让目标受众看到品牌新闻，如果品牌新闻还能迅速传播，借助购买了产品且高度参与的读者传播到其他人际关系网中，那就更好了。换句话说，内容需要分发，然后放大。内容需要获得牵引力，找到通往受众的路径，然后在传播的过程中进一步放大。

通过有效的分发（包括通过付费方式，见下文），内容将有机会"赢得"放大，因为最初接收到内容的人会将它继续分发出去。在理想情况下，你将启动"无

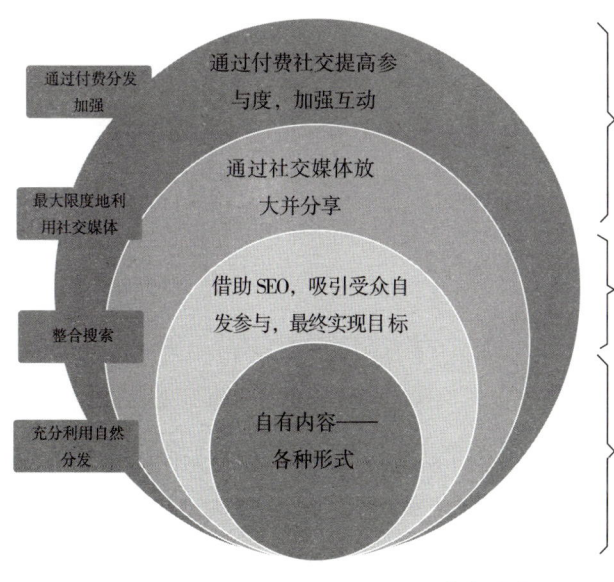

图9.1　内容分发

摩擦的共享系统"，从而使B2B内容像"病毒"一样传播开来。

如图9.1所示，最初进行内容分发时，可以利用自发参与，在你的主要平台之间进行分享，然后通过有针对性的搜索引擎优化和具体化的搜索方法进一步扩大分发范围。在与你相关的渠道中通过社交媒体进行内容放大，有助于增加受众，而付费推广将进一步提高受众数量，并将你的内容传递给特定受众。

自然分发

就在几年前，只要制作出高质量的内容就足够了，这些内容本身会发挥作用，具备吸引力。但是今天，除了个别例外情况，你需要在内容创造的早期用你所选择的平台定位特定受众，然后鼓励这些受众为你分发内容。

要实现这一点，你必须创造满足受众需求或兴趣并对他们有价值的内容（参见第四章）。你肯定也希望受众的数量随时间的推移而增长（为此，你需要定期向内容中心提供内容流）。充分利用有机增长的好处在于，读者会努力放大你的内容，但前提是你必须满足他们的期望和需求。为了确保有机增长，你需要做到以下几个方面。

持续输出高质量内容

这是显而易见的，也是最值得大力支持的一个方面。正如作家乔纳·伯杰（Jonah Berger）在其著作《感染力：如何在数字时代建立口碑》（*Contagious: How to build word of mouth in the digital age*）中所说："人们不愿意分享看起来像广告的内容。他们不想让自己看起来像是公司的活广告。但他们会分享真正吸引人的内容，即使这些内容恰好与某个品牌有关。"他补充道："你需要设计像特洛伊木马一样的内容。它看上去令人兴奋、引人注目、具有社会通用性或实用价值。"[1]

利用你的列表

如果你拥有首屈一指的内容分发网络和电子邮件列表，那么持续提供强大的原创思想领导力和内容显然更有可能实现有机增长。

自2018年以来（《通用数据保护条例》出台，该条例禁止未经许可存储个人信息的行为），许多内容发布者不得不从头开始重建自己的列表。那些将内容面向大规模受众的公司需要对其列表进行细分，确保内容的精准定位。但是该条例也带来了一个好处，营销人员至少可以定期将新内容细分给不同的受众。

将某些内容对应特定列表，这个过程应该强调这样一个事实：你的列表本身就是强大的数据集。哪些故事最成功，可以捆绑推广或提供给某些群体，这是非常值得分析的问题。

列表的成功一部分取决于故事最初如何通过电子邮件呈现给用户。电子邮件的点击率仍然高于许多其他的分发方式（从6%到16%不等，具体取决于你所在的行业[2]）。因此请牢记，要保持新闻精炼，所包含的简介和故事描述必须短小精悍。使用简单的形式，尽量少用图像，当然，还要确保它能适应不同的移动设备。

在时事通讯的分发方面，你可以向其他B2B组织学习。大多数从事品牌新闻工作的领导者都会保持时事通讯简洁高效。如果受众将你的邮件视为垃圾邮件，那么他就有充足的理由放弃你。

下面提供几个B2B领域的品牌新闻时事通讯范例：

- 全球石油和天然气公司埃尼集团每周为其品牌新闻活动发送一封包含三个故事的电子邮件（涉及可再生能源等广泛的能源主题），称为"Eniday通讯"。
- 麦肯锡咨询公司每周会发送一个内容"精选"（Shortlist），可以概括为"经过仔细挑选并呈现的优质内容"。
- 怡安集团的"简报"通常在定期发送的时事通讯中只推送一个故事，取自内容中心的关键故事。

- 思爱普的客户服务团队会发送两到三张精选图片，并附上图片作者的介绍。
- 欧特克公司的Redshift在每周综述中提供两个重要的故事，附带图像和一个宣传视频。
- 路坦力公司的Forecast会提供一个编辑导读，后面附上本周关键故事的链接。

修改与重新发布

你不需要保证每一篇内容都是原创的，每一篇内容所蕴含或采用的观点也未必是全新的。为了满足内容数量的需求（特别是在内容中心包含多个内容流的情况下），你应当考虑重新发布那些经久不衰的旧材料。

欧特克公司打造了线上杂志Redshift，该公司的内容分发和社交媒体负责人卢克·金提表示，该线上杂志的大部分内容都出现过不止一次。他说："我们的策略不是报道新闻，而是找到趋势中的空白部分。我们不报道大量的实时事件，而是侧重于能够引发思考的深度内容，其中很多都是常青内容。"[3]

为了确保循环使用的内容能够吸引受众，你需要：

- **建立内容重现体系**：利用数据并定期复盘（例如一个月、三个月或六个月复盘一次），寻找可以重新发布的内容。
- **审核每一篇内容**：内容中提及的时间、名字或头衔可能已经过时或与主题无关。思考新闻事件对内容背景或评论带来哪些改变。
- **重写内容**：特别关注那些曾反响强烈但现在需要更新的内容。更改标题、更新参考书目、替换图像或关键统计数据，或加入新的采访，都可以使一篇文章重获新生，并让它在新的读者群中再次迸发活力。

通过员工放大内容

不要忽视一个最佳的内容放大工具：你自己的员工。鼓励员工向他们的关系网持续分享你的内容，这可能是一个不小的挑战，但员工的确能在内容放大方面发挥巨大的作用。你可以这样开始：

- **寻找内容宣传者**：在团队中寻找关键的思想者和影响者。有哪些员工成功地分享了自己的故事、观点和文章？
- **在内部分享**：在社交媒体或"脸书工作"（Facebook Workplace）等平台发布故事时，利用内部传播中心或内部时事通讯来分享故事的链接和观点。
- **开发工具包**：对于产品发布、活动和战略推进，你可以考虑开发包含模板内容、消息、图像和创意的工具包，帮助员工发布自己的内容。
- **培训**：向团队其他成员和热衷于使用社交媒体的个人分享你对社交媒体的知识和见解，使他们了解哪些内容在社交媒体上会大受欢迎。通过内部协作工具传播、记录和分享培训内容，从而使更多员工接受培训。
- **应用工具**：大型组织应该考虑使用诸如LinkedIn Elevate或SaaS这样的工具，在内部实现内容在多平台的共享。
- **头脑风暴会议**：在故事挖掘头脑风暴会议上，鼓励员工报告其个人发布的内容效果，以及他们在发布故事后所收到的反馈。
- **将过程游戏化**：尽可能用游戏的形式来鼓励分享，树立目标。组织竞赛，并为成功分享的员工提供奖励。

整合搜索

本书频繁提到两个组织——世界经济论坛与思爱普，这是有充分理由的。多年来，这两大组织利用品牌新闻，成功地激励受众自发参与。

特别是它们的内容团队，可以确保人们通过网络搜索毫不费力地发现它们的内容，也就是说，它们精通数据应用和搜索引擎优化。为了确保自己能够被受众看见，这些内容团队做了以下几个方面的工作：

- **斟酌标题**：优秀的创作者会从创新的角度思考怎么写标题，例如在可能的情况下使用列表。诀窍之一是尽可能使用长尾关键词。

- **深入研究，精妙选题**：那些很容易通过网络搜索被发现的内容都针对目标受众进行过充分的研究。利用Quora问题和谷歌搜索，研究人们如何进行检索，这能帮你想出新颖的点子、见解或方法。
- **关注最新动态**：一流的内容创作者会关注受众正在关注的内容，追踪他们讨论的事件，阅读他们在博客或其他社交媒体平台上发布的内容。
- **劫持新闻**：在第二章，我谈到了如何通过"劫持新闻"创造并提供优质的故事。针对你的内容特点，回顾有关"劫持新闻"的建议。
- **活动报道**：内容创作者会仔细研究大型的行业活动（最好是参与这些活动），以创造自己的内容。他们会聆听业内思想领袖的讨论，以他们的见解作为内容创造的出发点。

你在撰写文章时是否考虑到搜索引擎优化的问题？下面提供几条实践方法：

关注关键词：选择关键词是内容战略不可或缺的一部分——你关注的主题是什么？这些主题的重点包括哪几个方面？例如，如果你对5G对电话通信的影响感兴趣，那么你所撰写的标题和内容需要体现搜索关键词。使用长尾关键词（特别是针对常青内容），有助于培养受众群。思爱普的内容中心（客户参与和商务的未来）始终重视内容质量，并一直致力于关键主题与话题，因此能够在250多个专业的长尾关键词中保持优势。要了解更多信息，可阅读尼尔·帕特尔（Neil Patel）的文章，他详细介绍了"长尾关键词"[4]对搜索引擎优化的作用。

寻找检索词：有很多工具可以帮助你找到关于热门话题的信息以及受众感兴趣的话题。你可以在谷歌分析（Google Analytics）或谷歌搜索趋势（Google Trends）上找到关于检索词的指南。其他工具，如Buzzsumo、Pulsar和Parse.ly也提供了丰富的数据，但只知道如何充分利用数据解答问题还不够，关键是你应该知道要提什么问题。

> **使用描述标签**：写一个能够清楚识别文章内容并利用搜索引擎优化术语的描述标签。

充分利用社交媒体

美国国家公共广播电台（National Public Radio）创造了一个著名的缩写词"COPE"（Create Once Publish Everywhere），即"一次创建，多次发布"。如果你希望在自己的内容中心和社交媒体上尽可能地扩大内容传播范围，COPE也是一种有效的方法。

这背后有充分的理由。根据DemandBase和Demand Gen的研究（《2018年B2B买家调查报告》[5]），超过一半的B2B买家表示，他们通过社交媒体来研究供应商，寻找解决方法。除此之外，1/3以上的人表示，他们向其他社交网络用户征求意见和建议，并与个人思想领袖直接联系，了解他们对问题的看法。

但在开始之前，你需要为所有的内容放大渠道创造一个连贯的品牌故事，因为只有高质量的新闻内容才能获得最大的回报。如图9.2所示，要回到你的受众中，了解他们在哪里，他们如何获取内容，以及在你希望与他们接触的地区，他们更喜欢使用哪些平台。此外，当你在选择用哪些平台进行社交媒体放大时，你对风险和创新的接纳程度也会起到重要影响。

范纳媒体（VaynerMedia）是一家提供全方位服务的广告公司[6]，其CEO加里·维纳查克（Gary Vaynerchuk）设计了一套"倒金字塔"法，以选取内容并将其重新用于多个平台。团队会将他的一段主题演讲改编成30多篇内容，发布在社交媒体上，有超过3 500万的访问量。

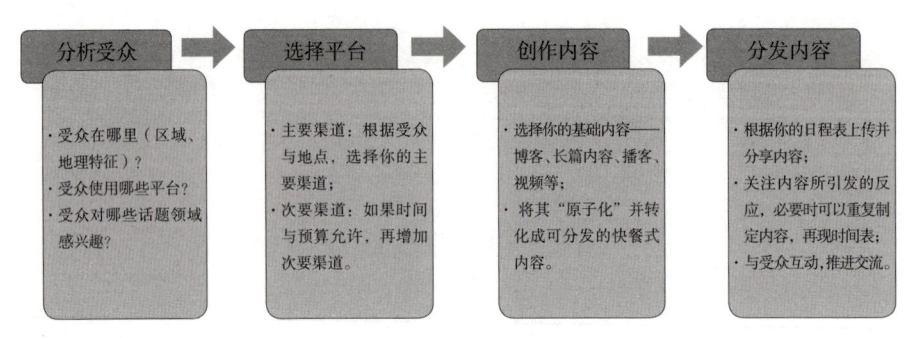

```
分析              选择              创作              分发
受众     →       平台      →       内容      →       内容
```

- 受众在哪里（区域、地理特征）？
- 受众使用哪些平台？
- 受众对哪些话题领域感兴趣？

- 主要渠道：根据受众与地点，选择你的主要渠道；
- 次要渠道：如果时间与预算允许，再增加次要渠道。

- 选择你的基础内容——博客、长篇内容、播客、视频等；
- 将其"原子化"并转化成可分发的快餐式内容。

- 根据你的日程表上传并分发内容；
- 关注内容所引发的反应，必要时可以重复制定内容，再现时间表；
- 与受众互动，推进交流。

图9.2　内容分发流程

为此，你需要针对不同的渠道采用不同的方法来吸引受众，无论你要创造免费帖子、带广告赞助的免费帖子，还是直接的广告，都需要掌握以下几个方面：

▶ **精炼标题**：努力写好标题，确保标题简洁有力。使用主动句，在标题和正文开头使用动词。

▶ **图像**：人的面容可以给他人留下深刻的印象，清晰、大胆、有冲击力的图像也是如此。不要使用远距离的全景图像。使用图表和统计数据，这在脸书、领英和推特上尤其有效。

▶ **尝试不同的篇幅**：帖子的篇幅取决于你所使用的渠道，需要经过多次尝试。发布在脸书上的帖子应当短小精悍，但在照片墙上，你可以尝试篇幅更长的帖子，字数可以多达200字，并附加深度阅读的链接。

▶ **可追踪的短链接**：大品牌可能需要分发大量的内容，你可以考虑创造一个包含品牌名称的"个性化短链接"。如果预算允许，很多内容提供者可以提供短链接，以便在不同的平台上分享内容。

▶ **话题标签**：在合适的平台上——特别是在照片墙这样的平台——利用各种相关的话题标签来吸引受众参与，提高内容的参与度。如果与影响者合作，或提到在线上有一定关注者或受众数量的个人名字，你可以用@符号标记他们。

你需要利用不同的新闻事件创造多个内容资产，或提取统计数据并制作相应的图表。引述文章中引用或提及的一系列关键人物所说的话。

付费分发

随着时间的推移，受众的数量会逐渐增多，但如果时间紧迫，或者需要完成一个有针对性的推广活动或项目，你需要通过付费分发来增加受众。从零开始培养受众可能非常困难，因此利用付费分发的好处之一就是可以非常高明地定位受众，然后再集中精力培养自然受众。

我最推荐的方法是挑选多个渠道，同时在这些渠道上进行内容分发，测试每个渠道的效果。过分关注一个渠道不是明智之举。在社交媒体营销中，没有什么能保持不变，因此最好是不断尝试和学习。请记住，你是在租用的平台上培养受众，如果平台改变或调整了算法，你也只能任由平台摆布。

在开始实施付费社交策略之前，别忘了确定预算。通过测试，你可以关闭那些不能为你带来满意结果的渠道，并在那些颇有成效的渠道中增加投入。

表9.1列出了可通过自然分发和付费分发推动B2B营销增长的主要平台。

表9.1　可用于B2B营销增长的主要平台

平台	详情	免费	付费
脸书	54%的B2B营销者将脸书用于商业经营，脸书用户的平均年龄也在增长。该平台适合进行免费推广和付费推广	自2014年以来，脸书的自然触及人数（organic reach）一直在下降，但一篇帖子的平均自然触及人数占页面关注总人数的6.4%——因此仍然有一定的参与度。一篇帖子的平均参与率（评论或分享）为3.9%。如果你有本地视频，在发布文本和图像时，可以同时发布本地视频。脸书故事和脸书直播也是B2B报道的一种方法	选择那些自然引流效果良好且能吸引受众的帖子并加以宣传，可能需要通过一些宣传活动，确定效果最好的帖子。考虑用脸书广告重新定位类似受众
领英	领英的全球活跃专业用户超过5.5亿，他们在这个平台上分享信息、新闻与个人近况。领英可对高质量的品牌内容进行放大，并提升主题化品牌故事的参与度	定期或按照日程表利用公司页面放大品牌新闻材料，可使用文本内容、视频或直播视频。普华永道、众创空间（WeWork）和西门子（Siemens）等公司在平台上使用自己的本地视频、直播视频或动画来传递信息	利用你的预算向目标受众、特定人群或处在某一职位上的人员或某一地区的人推广特定的帖子

续表

平台	详情	免费	付费
照片墙	这是一款分享照片与视频的应用程序，每月用户达10亿人，随着视频与图像内容的吸引力日益增加，该平台也在不断获利。利用照片墙可以传递简短的思想领导力与品牌新闻。不要以为它只服务于B2C受众而忽略它	为了使他人注意到你的B2B品牌，要尽可能多用视频，但也不要忽视文本与醒目的图像。看看《经济学人》（*Economist*）的栏目、通用电气或《哈佛商业评论》的栏目，了解如何在较短的篇幅内传递重要内容。不要回避篇幅较长且带有醒目图像的文本帖子。利用照片墙故事进行活动直播	利用付费广告和点击推广，分享更有深度的内容，以鼓励注册和下载，或者提高订阅量
推特	在推特上，你需要大量的社交媒体帖子来吸引受众，提高有价值的流量，即每篇帖子的参与度	如果推文没有触及大多数受众，你需要制定一个合理的时间表，以便在以后重现该内容，避免过度推广或过度重复。在内容中加入可以点击和转发的引用，方便用户分享，并为每篇文章、每个视频或内容中心添加便于社交分享的精彩片段	针对关键的受众群体开展付费宣传活动

案例分析

Redshift：通过有针对性的付费分发，培养高质量的受众群体

欧特克公司的Redshift是一个线上内容中心，发布有关"制造业之未来"的高质量品牌新闻。Redshift的使命是"探索未来以及未来的产品、建筑和城市"。欧特克公司的内容分发和社交媒体负责人卢克·金提在接受我们的采访时解释了在内容战略实施之初，如何通过"购买"受众提高内容的参与度：

在欧特克，我们计划每周发布三篇文章。起初你必须借助付费手段来培养受众。我建议在最开始的时候使用付费分发，但目的是逐渐将花钱"买来"的读者转化为忠实的读者（例如通过电子邮件），或者使其订阅你的内容。这样他们才能成为你的客户。

其中的技巧在于，不要只看数字。在欧特克公司，我们非常了解品牌希望吸引的人群。我们试图利用工具和数据来理解受众，例如，在阅读内容的10 000人中，是否有我们希望影响的人？我认为有些内容营销人员只考虑流量，却忽视了这些数字背后的人。

其他付费策略

利用原生广告扩大影响范围

在传统信息发布平台上,你可以利用原生广告(native advertising),通过有偿协议发布品牌新闻。

例如,《福布斯》的专栏"品牌之声"(BrandVoice)会选取一些品牌的内容,并发布在《福布斯》线上杂志。但最关键的是,它与非品牌的内容是相互独立的。其他传统出版商——《纽约时报》的 T Brand Studio、《华尔街日报》的 Custom Studios 和《华盛顿邮报》的 WP BrandStudio,[①]也提供此类服务,通常由内部品牌工作室或新闻编辑室为品牌创造多平台内容,这些内容与它们在其报纸、网站或出版物的非赞助内容密切相关。

一般来说,创造原生广告的品牌都希望扩大目标受众,它们知道这些受众喜欢它们的内容。通过在第三方平台上发布内容,品牌将从更大的网络和差异化放大中获益。包括英国《卫报》(*The Guardian*)和《金融时报》(*Financial Times*)在内的许多传统出版商都提供这种类型的广告植入(或采用其他形式)。

《福布斯》的广告商包括西门子和三菱重工,这些企业在网站上有直接面向《福布斯》受众的小型内容中心,提供高质量的故事。原生广告与品牌新闻类似,记者根据受众兴趣和品牌的关注焦点或业务重点的交集创造故事。然而值得注意的是,与在你自己的平台上发布内容相比,这样的内容植入和制作所需要的预算将大大增加。

[①] T Brand Studio、Custom Studios 和 WP BrandStudio 分别是这三家媒体旗下的广告内容工作室。——译者注

意见影响者营销的兴起

另一个可用于创造和放大品牌新闻的渠道是B2B意见影响者。在B2C领域，通过意见影响者进行市场营销的合理性还存在一些问题，但他们可以在你的营销中发挥一定的作用，特别是在今天注重思想领导力和一对多关系的情况下。[7]

通常，这些意见影响者已经是企业的用户或拥护者——这里所说的是组织之外的意见影响者。但是，除了在业内具有极高知名度的个人之外，你可能会发现，在公司内部也有意见影响者，你可以鼓励他们，帮助他们茁壮成长。有关内部影响者的详细内容，请参见第十章。

全球营销演说家兼作家尼尔·谢弗（Neal Schaffer）表示：

> 大多数公司忽视了一点：即使是B2B品牌，与意见影响者合作也能推动业务发展。在B2B领域，与意见影响者的合作通常都与内容有关（客座文章、访谈等），或与活动相关（邀请影响者参加活动、主持活动，或者在活动上发言），但对与B2B意见影响者建立合作关系，从而实现双赢的公司来说，这两种方法都能带来极好的效果。

虽然目前投入在影响者营销上的资金主要来自B2C领域，但许多B2B品牌已与意见影响者和专家开始了合作。靠着真实、诚实的评论，思想领导力和洞察，这种战略联盟可以为你的品牌打开销路，也能帮助品牌在危机时期放大信息——但前提是你已经与意见影响者建立了关系。可靠的专家级意见影响者是先决条件，这关系到内容的深度和真实性。

| 案例分析 |

威睿（VMWare）影响者网络[8]

这家软件公司拥有一批精通技术、参与度高且十分活跃的博客作者和内容宣传者，他们针对公司产品撰写文章和评论。这个意见影响者关系网主要讨论高科技信息，向广大的用户群体提供见解并帮助他们解决问题。在威睿社群网站，用户可以与不同社交平台的意见影响者交流。顶级意见

第九章
内容分发与放大：培养忠实的受众

> 影响者能够得到一定的"奖励"，例如参加beta测试、加强与产品团队的关系，并有机会现场参观。

品牌影响者关系有以下几种形式：

- **主持你的内容**：请一位在业内备受尊重的意见影响者、作者或记者来主持你的播客、视频或问答内容。

- **测试产品或服务**：与意见影响者接洽，邀请他试用你的产品。确保该意见影响者适合你的品牌（从文化和专业的角度来说）[9]，且他们愿意接受你的品牌或产品。

- **创造内容**：与B2B意见影响者（无论来自企业内外）合作撰写文章或内容，或者为品牌制作视频，或使其成为品牌"大使"。

- **讨论你的产品**：邀请意见影响者参与圆桌讨论、活动或演讲，从而将合作从线下转移到线上。

| 案例分析 |

> **奥多比意见影响者网络**
>
> 　　一段时间以来，奥多比公司一直将意见影响者作为其营销组合的一部分，与业务范围内的专家进行合作。2019年举行的奥多比峰会（Adobe Summit）吸引了50多位意见影响者参加，其中包括知名记者、营销人员、作家和博客作者[10]，奥多比公司鼓励他们在活动期间发布内容。"我们不会为每位意见影响者设定目标"，奥多比公司的社交媒体影响者支持主管拉尼·玛尼（Rani Mani）在最近一期的播客上表示[11]，"项目和项目之间，或部门与部门之间，都有不同的目标，每个影响者都通过不同的方式做出贡献。我们的主要目的是发挥每个人的影响力。"

最重要的是，我们应以谨慎的态度对待所有的合作关系，且要从战略的角度进行思考，考虑符合品牌目标的高质量且可信的合作。这些意见影响者可能拥有扎实的专业知识，在技术和专业受众中倍受信赖——他们可能是记者，也可能是分析师。但别忽略了其他地方。在红迪网、聊天室或行业论坛上，你或许也能找到意见影响者。

> **寻找意见影响者，开展合作**
>
> 意见影响者可以为其他技术内容或见解带来活力。他们能够为你的产品或服务提供一个更加实际、有意义的载体，但他们的目标应当与你的品牌目标保持一致，否则这种关系可能难以发挥作用。

社交媒体营销顾问马克·谢弗是谢弗营销公司（Schaefer Marketing Solutions）的执行董事，也是《另类营销》（*Marketing Rebellion*）一书的作者。在书中，他阐述了新的营销方法的重要性，即以人为中心，并始终从客户出发。谢弗认为，与意见影响者合作可以带来多方面的益处。如果运用得当，意见影响者利用信息获得真正的拥护，快速形成引力，从而有助于建立信任。在我们这个多疑的世界里，意见影响者可以让内容获得"社会认同"，也可以直接提高品牌的知名度。[12]

> **与B2B意见影响者建立关系**
>
> **第一步：发现意见影响者**
>
> 利用社交媒体、团队内部成员、外部研究，寻找对你所关注的话题感兴趣的意见影响者和微型影响者。确保与可信且有思想深度的意见影响者合作。通常情况下，那些活跃在网络空间里的意见影响者可能是记者和分析师，他们有从属的团体或出版物，用于推送自己的内容。
>
> **第二步：确定人选**
>
> 仔细研究潜在意见影响者名单，分析他们的专业知识深度；确保意见影响者能够体现你的价值观，并在社交媒体上有坚实的影响力。意见影响者或相关从业者应当与你正在寻找合作伙伴的关键领域相匹配。在确定意见影响者时可能需要根据组织中的特定部门或团队进行划分，因此每个团队可能都需要特定的专业知识。

> **第三步：与意见影响者对话**
>
> 思考该意见影响者为什么或如何与你的品牌建立关系。在接洽时采用有礼貌、有分寸的方式开始对话。从一开始就要明确你的期望是什么，你希望从意见影响者团队那里得到什么。这是营销组合的一部分，如果影响者以此维生，你应该为他们所付出的时间、经验与专业技能付费。
>
> **第四步：建立合作**
>
> 你已经确定了意见影响者，并且经过沟通与他们达成合作意向，接下来你应该明确他们需要承担的工作，包括是否或如何让他们为品牌背书。尽可能以不易察觉且公开透明的方式进行，就像其他内容营销一样，将其视为一种长期关系。随着时间的推移，这种关系将自然发展并成熟，从而产生效益。确保意见影响者始终发布真实的信息，并坚持他们感兴趣的领域，以保持可信度。

其他付费方法

搜索引擎营销：如果预算允许，且你希望将内容推入新市场或培养新的受众群体，你可以考虑对一些特定领域的关键内容采用搜索引擎营销。

内容联合发布平台：Taboola与Outbrain等服务商会把你的内容发布到你选择的其他网站上。内容将带有"付费"或"推广"的标记，并与广告商提供的其他品牌内容一起发布。

合作伙伴广告或旗帜广告：如果你希望让受众注意到高质量的内容，可以考虑在合作网站上发布有针对性的广告或一般广告。

以上只是部分付费的做法，正如我所说，主流的社交媒体平台会不断调整它们的算法，或改变广告方式，以反映它们不断变化的商业抱负。

但我们的目标是不变的：通过合理的付费支出，切实提高参与度，并建立一个强大的基础，从而扩大品牌的影响范围。

第十章

思想领导力：来自员工的洞察

第十章
思想领导力：来自员工的洞察

"思想领导力"是一个被过度使用的词，往往许诺很多，但兑现很少。大多数所谓的"思想领导力"实际上都名不副实——既没有深入思考，也不具备领先优势。但是，让员工或品牌脱颖而出的创新思维为营销与传播计划提供了助力，作为用于销售漏斗初始阶段的内容，它也发挥了特别出色的作用。

在专业领域备受尊重的领导者和专家所提供的见解和信息具有其他内容所没有的影响力和冲击力。2018年爱德曼和领英的一项联合研究发现，在接受调查的1 000名决策者中，45%的人表示，在思想领导力内容的影响下，他们会邀请一家之前他们没有考虑过的组织参与项目投标。[1] 约55%的人认为，思想领导力是审查潜在供应商有效的衡量标准。

新颖的观点可以让你的员工或品牌脱颖而出，优秀的思想领导力就该是这样：机敏、富有洞察力，且承载丰富的信息。弗雷斯特研究公司的最新研究表明，能够引发共鸣的真实内容比其他信息更值得信任。[2]

确定愿景与目标

许多思想领导力并没有做到这一点，更糟糕的是，读者还会认可这样的思想领导力。爱德曼的同一项调查发现，在他们考查的思想领导力中，只有18%的思想领导力质量"上乘"。[3] 爱德曼的研究发现，低质量的思想领导力不仅会损害组织的声誉，还会损害组织取得商业成功的潜力。这两项统计数据都清楚地证明，任何一个用于打造思想领导力的策略都必须经过仔细规划。与其他内容类型一样，如果没有大量的时间、精力和投资，思想领导力也不可能取得成功。

根据巴里（Barry）和吉伦特（Gironda）的研究[4]，思想领袖通常是指至少满足以下一个条件的人：

- 围绕共同的兴趣领域推动对话；
- 倡导新的方向或想法；
- 能够从战略角度思考并解决复杂问题；
- 就相关问题持续提供教育；
- 激发新思维，应对即将到来的挑战；
- 清晰表达如何将想法变为现实；
- 制定可行的战略。

这些所谓的"思想领袖"不会无缘无故地被当成专业领域的"百事通"。理想情况下，他们应该是行业问题的首要权威。他们一定有新的或不一样的内容需要表达。他们也有一定的地位、观点或经验，这意味着他们会受到信赖。

思想领导力内容必须服务于一个目标，即解决客户的痛点，也可以提出一种解决方案或策略，帮助受众解决业务挑战，或是一种更加广泛的故事或"目标导向"的故事，为更宽泛的商业观点或信念提供支持。

无论你选择哪一种方法，要理解何为优秀的思想领导力，本质上需要思考几个重要问题，这体现了第三章所概述的战略制定方法：

- 为什么创造思想领导力？
- 你在与谁对话？
- 你要说什么？
- 如何传达你的信息？
- 如何维持稳定的内容输出？

第十章
思想领导力：来自员工的洞察

建立人才库

优秀的思想领导力可以在客户旅程的早期，甚至在客户产生真正的需求之前，提高客户的品牌参与度。正如前文所说，这在B2B领域中至关重要，特别是在销售旅程可能持续数月甚至数年的情况下。

首先值得一提的是，在企业界，思想领导力并不一定来自企业高管，但它确实需要能够用自己的思想释放能量并建立关系的人。企业思想领袖可分为以下几类：

远见者	技术人员	思考者
能够全面地思考，挖掘时代精神，提供见解。	对于技术有自己的见解，具备专业知识和创新精神。	反思自己的经验，通过思考或实践来提供建议，或善于汇总他人的思想。

你需要寻找的人才不仅应具备优秀的写作能力——我认为书面文字并不是传达伟大思想领导力的唯一形式。可以说，更大的挑战在于找到能够与目标受众建立持续关系的思想者。我建议你按照以下的方法做：

- **寻找现成的内容宣传者**：与那些已经在组织内成为思想领袖的人合作，这种方法非常有意义。如果他们是专业技术人员，可能已经建立了对其技术领域感兴趣的关系网或受众群。要找出这些思想领袖可能并不难，你只需要环顾一下办公室，但在大型组织内，要找出这些人可能需要投入一定的人力。如需寻求帮助，你也可以在领英和推特上搜索经常发布内容的员工，并联系各个部门及其管理者，请他们推荐思想者或团队成员。

- **看一看最高管理层**：虽然并非所有CEO都有富有吸引力和魅力或创新性的想法，但高层团队中可能还有其他人，你可以支持和鼓励他们成为思想领袖。不要只关注显而易见的东西，要将眼光放长远。寻找新的、不同的声音，以真实的方式反映组织的价值观。他们不必自己创作内容——可以与内容创作者合作，让内容创作者采访他们，并将他们所说的话转化为问答

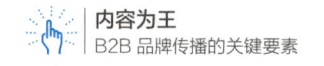

或博客文章。

▶ **培养组织内部成员**：分析那些在社交媒体上拥有大量追随者、积极参与或成功发布个人内容的团队成员。鼓励他们创造更多内容，并与他们合作，创造对他们具有重要意义的故事和内容流。在组织内培养人才，这有利于提高内容的参与度和分享量，促进内容分发。在理想情况下，你应该从各个领域、地区和层级中寻找能够代表组织的声音。

员工是关键

莎拉·古道尔（Sarah Goodall）是利用员工宣传和员工影响力的顶级顾问。她认为，思想领导力的作用往往局限于营销部门。"我们通常认为，内容来自市场营销，然而，营销——我可以这么说，因为我是一名营销人员——完全不同于优秀的内容来源。优秀的内容来源于员工和客户。"莎拉认为，营销人员必须深入公司内部，寻找专家创造关键内容，因为这些人最了解客户的痛点。"你首先要确定哪些员工精通专业知识，然后帮助他们建立社交品牌，提高他们在公司外的名气，而不是让他们成为隐藏在公司内部的专家。"

莎拉指出，人们更喜欢分享专家级的同辈所写的内容，而不是由组织直接创造的内容，企业应当寻找有效的方法来激励全体员工：

> 我相信，员工才是创造人性化内容和品牌新闻的关键。如果你能先将品牌新闻的目的放在一边，帮助员工表达自己的观点，那么内容的可信度就会更高，转化率也会随之提升，同时也会为你的网站带来更多流量。这就是人与人之间的传播。

第十章
思想领导力：来自员工的洞察

激发思想领导力

除了反映企业"人性化"的一面外，思想领导力还有哪些作用？理想情况下，思想领导力能够持续输出原创观点，但实际上，很少有杰出的领导者能够以通俗易懂的方式持续不断地输出真实想法。也就是说，你可以向思想领袖提供一些工具和问题，帮助他们思考。

谈谈自己的故事。今天，很多商业领导者会向员工讲述自己的故事，以此引发共鸣，进而与团队和员工建立联系。微软现任CEO萨提亚·纳德拉（Satya Nadella）就是将个人融入职业生活的典型代表。他撰写了大量文章，发表了许多演讲，讲述自己的家庭生活以及家庭对他本人和工作带来的影响。虽然如此坦诚地在公共领域展示个人生活的做法未必适合所有人，但这有助于引发共鸣，建立信任。

参与全球对话。阅读行业新闻，全面了解令企业和政府烦恼的各种事件，这样一来，思想领袖可以迅速熟悉对我们生活环境产生重要影响的话题。了解基金会与慈善机构也有助于思想领袖加深对话题的了解。此外也有必要了解内容的竞争对手与内容供应者发布了哪些内容。

利用生活事件激发创新思维。维珍集团（Virgin Group）创始人理查德·布兰森（Richard Branson）一直在输出原创内容和观点。他的团队常用的方法是根据特定的生活事件创造内容，例如，迎来新的一年（此时会产生新想法）；或者一个孙辈出生（引发深思）；或者刚刚推出新产品（客户需求的变化），等等。关键是，这些文章和博客不仅仅是公关性的通告，它们还与现实生活结合，富有特色和个性，因此更具吸引力，对读者来说也更有价值。

利用公司活动创造内容。如果反思个人生活的方式不适合你的思想领袖，他们可能更愿意用与公司有关的事件来创造内容。创造内容并不是把某个事件当作公关活动，而应该将它作为另一个故事或个人反思的出发点。

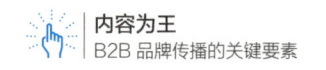

> **如何将产品发布活动作为"起点"**
>
> 产品发布是最适合作为"起点"的活动。为了发挥其影响力，你可以用以下任一问题为基础，开发个人的产品故事：
>
> - 产品发布需要多长时间？有哪些人参与？
> - 想法最初来自哪里？
> - 它在发展期间经历了怎样的变化？
> - 是谁推动了这种变化？为什么？
> - 产品发布团队在这个过程中学到了什么？
> - 他们有哪些个人经历？
> - 遭遇了哪些挑战？
> - 你或他们如何克服挑战？
> - 开发新产品的团队如何相互合作？
> - 共有几个团队参与？他们来自哪些地区？
> - 为实现这一目标，他们走了多远？

以二次研究为出发点。如果未来一段时间内没有公司活动，那么可以利用其他人的研究或见解来创造一个起点。新的行业研究非常重要，因为你可以从中挖掘出有趣或相关的见解或新的事实。思想领袖可以据此撰写一篇内容更加宽泛的文章，加上自己的想法或公司最高管理层的目标。最近世界经济论坛"议程"板块发表的博文《风电场为欧盟提供14%的电力：这些国家是领头羊》[5]就是一个典型的例子。

利用原始研究作为故事基础。如果可以利用自己的研究成果，为什么还要用别人的呢？对于以扎实深入的研究为基础的思想领导力内容来说，原创研究是绝佳的起点。它不仅能提高组织的信誉，而且能在不同的平台获得吸引力。除了主要研究报告外，思想领袖还可以将其分解成容易理解的部分或可共享的图像、引用和文章。如果研究具有独创性，思想领袖可以合理地运用洞察力，将更广泛的论点或他们想提出的观点置于语境中。

选择个人旅程或道德框架。你经历过的最严重的失败是什么？你从自己的职业生涯中学到了什么？你在何时发现自己突破了界限？你是如何做到灵活应变以获得成功的？受众渴望知道这些问题的答案。

用激情或使命来引导。充分了解你的思想领袖，这样才能发现他们的潜在兴趣或激情，他们也对此充满信心，并愿意表达。即使他们的热情与业务的关系不大，他们也愿意接受不同的事物，以证明自己的深度。领英的CEO杰夫·韦纳（Jeff Weiner）在他的社交媒体账号上发表了关于领导力、战略和愿景以及职场文化等主题的帖子。这些帖子内容真挚（虽然有些十分简短），几乎没有读者能察觉到，这些帖子是由他人替杰夫·韦纳写的。但它们是真实的，富有人情味的。

汇集创意。如果思想领袖正在努力进行原创研究，或者想提出一个对行业来说全新或不一样的角度，他们可以考虑集合其他人的想法，在此基础上开发思想领导力。思想领袖对其他人的原创观点进行整合，建立一个有趣的内容集合，他们可以对其发表自己的评论。

内容成功的要素

不妨根据前文提供的建议，制作符合一条或多条标准的内容，这样一来，你的思想领导力必然能够获得更大的成功机会。在创造自己的内容时，你可以遵循以下指导，或者与你的高级团队成员合作，帮助他们创作自己的内容。

真诚真实

要使内容可信，就不能过分夸大。研究发现，80%的消费者表示，"内容的真实性"是影响他们是否关注品牌的最重要的因素。[6]对于思想领导力内容来说，指导原则是通过内容建立联系——并且用"人性化"（即不是过度企业化）的声音。

如果受众怀疑内容在某种程度上缺乏真实性，那么内容的影响力将被削弱。一篇博客文章很可能是在一次详细访谈后由他人"代笔"撰写，或者一个播客的谈话要点是被设计出来的，即使这样，仍要保持真挚的情感。想法必须来自思想领袖，无论它以何种形式呈现。

确保思想领袖关注目标受众的需求

虽然可以将内容创造的任务完全交由行业专家负责（许多组织也是这样做的），但如果专家一直在思考自己的主题，可能就无法以读者认为有趣的方式进行表达，或者无法解决此时此地的问题。因此，行业专家需要将自己的热情与受众联系起来。

许多高级管理者都有很好的想法和洞察力，但他们缺少时间或技能来撰写有趣的书面故事。此时，一个营销部门、一个传播团队、一个外部代理机构或一位专业作家就可以发挥作用。这些人可以采访思想领袖，寻找原始的、未经雕琢和打磨的见解，并在此基础上创作出内容。这就是品牌新闻艺术真正发挥作用的地方——收集未经加工的观点，发现它们的潜力，知道如何将它们扩展成伟大的故事。

新闻编辑室小贴士

寻找新闻线索

新闻编辑室的记者要寻找新闻线索，即受众在这个特定时刻关注一则故事的原因。优秀的内容要寻找不同的角度或不同的方法来讲述人们正在讨论的故事。如果你觉得很难做到这一点，可以使用搜索趋势分析工具，包括AnswerThepublic或Buzzsumo，评估哪些主题很受欢迎，然后根据这些主题创造内容。新闻线索未必与重大事件有关——它可能只是因为人们对某一主题或产品产生了广泛兴趣或重新产生了兴趣。

第十章
思想领导力：来自员工的洞察

持续发帖

定期发布思想领导力帖子对于培养、维护和扩大受众群至关重要。如果读者喜欢你的内容，他们希望定期看到你的内容。这并非意味着每天都要发布内容，但无论你如何安排时间，都要保证遵守计划好的内容发布时间。

邀请评论

IBM的Passion Projects[7]和微软的Research Blogs[8]会邀请受众中的专家。微软的博客文章通过深度访谈展示员工的深度和参与度，揭示他们工作背后的人性。就Passion Projects而言，文章本身并非由个人撰写；在大多数情况下，他们将访谈撰写成博客文章，通过第一人称引语来传递他们的见解和想法。

选择合适的形式

如果CEO或其他思想领袖特别有镜头感，那么你可以利用这一优势，采用视频形式而不单单是文本。虽然也有例外，但大多数人在镜头前都会紧张，或者难以保持敏锐的思维，且无法释放出任何能量，所以不要将思想领袖硬塞进他们不习惯的形式中。尽管如此，你还是应当尝试不同的方式，至少要了解他们喜欢什么或不喜欢什么，以及哪些形式最适合你或你的内容。

思想领导力有多种呈现形式，例如，微软研究（Microsoft Research）开发了一系列颇具深度的播客节目，采访了许多微软员工，请他们聊一聊自己的工作和兴趣。[9]这些内容涵盖广泛的、基于价值观的主题，包括"打造适合你的工作未来"和"说话和语言：人工智能的核心"。

不要强行推销

所有品牌新闻的目的都是吸引拥护者（并最终开展新业务），因此从某种程度上说，这种诱惑可能会使思想领导力变成强行推销。

请记住，有效的思想领导力的目标是展示你对某个话题或领域的知识与见解，不要求读者有什么直接的后续行动。文章、播客或视频只需要使个性或品牌与特定领域或部门的效果一致。通过这种方式，思想领袖可以支持组织的品牌意识，证明你的高层人员比竞争对手更有创新意识。

正如高盛集团的品牌与内容战略全球联席主管阿曼达·鲁宾（Amanda Rubin）所说，他们的内容重点在于在数字环境中创造"价值交换"，因此受众会对高盛品牌有更加正面的认识。[10]高盛集团的网站有自己的播客平台，名为"交流"（Exchanges），该平台提供来自商务领域的思想家和顾问的各种见解，内容从《是什么让保险公司夜不能寐？》[11]到《科技如何重塑城市天际线？》[12]。受众可以十分便利地访问这个平台，其主持人为高盛全球企业传播主管杰克·西沃特（Jake Siewet），定期发布深度内容。

> **新闻编辑室小贴士**
>
> 开放式问题
>
> 当你访问某个人的时候，无论要制作成视频还是文本，开放式的问题都有助于传递完整详细的答案。开放式问题可以是"是什么？""为什么？"或"是谁？"，避免受访者总以"是/否"来回答。

构思与创造

我们在前文中已经讨论过，如果能够节约时间或提高品质，可以将品牌新闻外包。由于思想领导力在本质上更加个性化，一些人认为这种类型的内容不适合外包。他们担心的主要问题是，"真实的人"（他们的人际关系、同理心、激情）在另一个人的笔下可能会被过滤而变得模糊不清。事实上，全球众多知名的思想领袖都会利用传播团队、代笔作家或代理机构，以某种形式辅助自己正在进行的内容创作。

第十章
思想领导力：来自员工的洞察

如果你打算将思想领导力内容委托给内部团队成员，或者寻找一家代理机构来创建此类内容，那么你可以遵循表10.1的流程，它会帮助你持续创造真实的内容，并在不影响内容真实性的情况下利用组织的服务和信息。

表10.1 思想领导力内容创造流程

1. 研究并形成创意	研究目标思想者所处的环境及其从事的工作或活动。开发一系列潜在的故事创意，你可以与受访者或行业专家一起为故事增添细节。 在理想的情况下，这些创意应该直接来自受访者，但有时——特别是在时间有限的情况下——这可能有一定的困难。 确定一系列主题，并与高管或其传播团队或公关团队针对这些主题达成一致意见
2. 问题	确定了主题以后，你必须与受访者商定问题，以便对方能够提前做好准备。 最好依照文章摘要或视频框架（或你选择的其他形式）进行，确保受访者的回答中包含你想要的信息。 如果以视频访谈或播客的形式来呈现思想领导力，你可以提前将问题告知受访者，以便对方做好准备；如果采用文本形式，最好也能这样提前筹划
3. 逻辑	提前安排好访谈，并留出足够的时间进行对话或讨论。 在日程中预留充足的时间，保证涵盖所有相关领域。这也可以减轻受访者的压力。 可以将两组文章的问题捆绑在一起，为其他博客、文章或观点类内容提供素材，充分利用你的时间
4. 访谈	通过电话或面对面采访，可以获得撰写文章的原始信息。无论是对组织内部还是外部的思想领袖，面对面访谈都是更好的选择。 与受访者处在同一个房间内，有助于建立融洽的关系，减少误解。 无论是现场采访还是电话采访，都需要记录访谈内容并挖掘出更多的故事创意——无论是针对思想领导力还是针对更广泛的内容计划

根据每篇内容的目标和结果，完成内容制作后，观点类内容可以通过个人的社交媒体或网站进行分发，也可以通过企业的网站和社交媒体渠道进行分发，在企业的社交媒体上放大内容。

此外，还应考虑通过第三方站点发布或重新发布文本，如Medium[13]，这有助于放大你的内容，也可以发布在福布斯、Inc和Huffington Post等网站上。归根结底，销售是一种人与人之间的体验，挖掘组织内部丰富的思想宝库——无论大小——有助于你与目标受众建立更加持久的关系。

第十一章

衡量影响力：建立指标体系

第十一章
衡量影响力：建立指标体系

我们已经讨论了如何创作和分发品牌新闻内容，以实现影响力的最大化，但要追踪这些内容的效果仍然是一个不小的挑战。如果你足够幸运，能够与端到端的内容管理体系或一个综合性渠道合作，那么对内容效果的衡量就会变得相对容易，但实际上，我们往往要面对各种各样的渠道、工具以及大量的数据。

除了内容多渠道分发造成的复杂性以外，另一个问题是确定内容的最终位置。网络的共享性和分散化导致我们难以始终跟踪内容和消息，确定它最终通过哪种方式传达给受众。因此我们需要针对一个品牌或品牌渠道，开发定制化的解决方案，以完成（内容影响力的）衡量。如果你的活动路径有限，那么解决方案也无须过于复杂，但它必须是持续的，能够及时追踪进展，从而体现长期趋势，以及短期的效果或参与度。

衡量指标应以具体的目标为基础和判断依据。营销人员通常着眼于短周期，希望帖子和内容能够立即带来效果——你当然可以使用关键指标来衡量其效果，但它无法帮助你全面了解情况，相当重要的一个原因是，内容（如果仔细且有策略地针对受众的需求）上传和分享后，将继续对你的策略（如搜索引擎优化）产生影响。

> 未来的内容团队不仅仅在销售漏斗的初始阶段发挥作用。他们不只是关注搜索引擎优化，以提高品牌知名度，也不只是客户支持组织，管理教程视频或客户活动。未来的内容团队是在客户旅程的每个阶段都能为受众创造价值的专家。
>
> ——罗伯特·罗斯，内容营销作家兼内容咨询公司
> （The Content Advisory）创始人[1]

任何衡量方法都必须以你在制定内容战略和方法时所设定的具体目标为基础，按照你的成功标准进行评估。我建议采取广泛、全面的方法来衡量结果，评估数据，正如内容策略师兼顾问丽贝卡·利布（Rebecca Lieb）写道：

> 只衡量销售量与潜在客户的数量——或只依赖数量或"点赞数"和"浏览量"等没有商业价值的虚荣性指标——会导致在时间、媒体、员工、技术和供应商关系等方面的投资贬值。[2]

长期投资

营销专家迈克尔·布伦纳在接受我们的采访时提到了他的投资回报率（ROI）方法，其出发点是将内容营销当成一种"年金"——它需要你的长期投资，并在周期结束后提供价值：

> 如果你像出版商一样持续不断地发布内容，你会看到流量随着时间的推移而增加，并实现回报的复利式增长。如果我所写的内容以客户为中心，能够吸引受众，且能够让他们与品牌建立更加深入的关系，也许是通过门槛优惠、订阅时事通讯，或者通过课程或书籍，那么我可以挖掘潜在客户，最终将他们转化为收入。这是"年金"的概念，它是一种金融资产。为了获得年金，实现投资回报的复利式增长，你必须持续不断地投资。

三菱重工在其自有网站（包括企业网站MHI.com以及内容中心Spectra[3]）通过一系列全球传播对品牌新闻进行整合，同时在全球出版平台（如《福布斯》《华尔街日报》《金融时报》）上发布原生广告，开展内容合作。衡量此类内容的方法有很多。三菱重工的全球内容营销由当地独立的宣传活动和付费活动（如需要）提供支持。Spectra上的思想领导力内容主要是针对相关主题的见解，如全球制造业、工作场所的性质变化以及广泛的能源和环境挑战，从而"使客户变得更

第十一章
衡量影响力：建立指标体系

加明智"。在可能的情况下，媒体关系有助于在付费渠道和赢得渠道进行的营销活动。

通过营销与传播计划的紧密配合，三菱重工的全球营销传播总监丹·洛克曼（Dan Lochmann）希望确保所有内容和故事都能有助于建立品牌认知，同时也能（用于潜在客户开发和转化）在销售渠道的后续阶段发挥作用：

> 重要的是，你从一开始就要明确内容的目标，而且这些目标与你的业务目标密切相关。例如，如果业务目标是快速实现公司的全球化，那么你需要以全球化的方式进行信息传播。对于三菱重工来说，我们希望受众深入了解我们所做的事情以及所生产的产品，那么故事就是一种理想的呈现方式。

> 在进行衡量时，我们需要把重点放在能够为投资带来丰厚回报的成果上。我认为，如果能证明我所谓的"漏斗顶部"内容，即思想领导力内容已经吸引了一位客户，而该客户随后经过客户旅程，最终购买了三菱重工的产品或推荐产品，那么这就是完美的投资回报。与此同时，这些内容也帮助我们建立了品牌声誉，提升品牌价值。

没有捷径

显然，衡量内容影响力没有捷径可走。正如扎米克（Dzamic）与柯比（Kirby）所说（他们提出了"营销技术海啸"），当今的市场营销环境纷繁复杂，成千上万的经营者加入其中，还有越来越多的人不断涌入。环境的碎片化导致衡量技术和方法变得更加多样，没有一种方法能够满足每个客户的所有需求。正如IBM在《2019年营销趋势报告》（2019 Marketing Trends）中所说，我们已经看到了营销人[4]：精通技术的技术营销人（Martecheter）。[5]

我的经验是，每个软件供应商都认为，自己的平台或解决方案可以衡量你作为代理或客户所需要衡量的一切，但从来没有一个软件供应商能够做到这一点。最终，我们发现自己处于这样一种情况：我们必须根据期望或目标挑选部分结果并加以组合，从而尽可能评估出真实的投资回报率，或者更明确地说，是"目标回报率"。[6]

解决方案是开发一种混合的衡量方法，以显示你希望通过不同的受众所达成的目标。我们的观点是"少即是多"——明确你想要衡量什么以及为什么，并将其精炼为衡量标准。

从目标出发，为每项活动选择一些指标，并根据这些指标进行衡量：定期根据你选择的关键绩效指标审查和更新我们的衡量指标。

故事的成功

当然，你可以衡量所有东西，但你衡量的数据未必都相关；而且，如果不够谨慎，你最终会沿着多条衡量路线前进。付费活动能够提供精确的结果，包括哪些人获取了你的内容，你为哪些平台付费，在你所选择的付费平台中，为受众的每一次参与支付多少费用。但受众持续的自发参与可能更加难以衡量，而你的大部分品牌新闻可能都要通过自然分发，很少或根本没有付费平台的支持。

资深记者梅拉妮·迪兹尔是StoryFuel的创始人，也是许多全球知名组织的内容战略顾问。对她来说，以不同的方式衡量品牌新闻非常重要。在接受我们的采访时，她解释道：

> 很多时候，我们本能地以衡量广告活动的方式来衡量内容和故事，而这往往是不够的。我们的内容面向消费者，它更像新闻，因此我们应该尝试像其他内容创作者那样来衡量品牌新闻。这意味着我们可能需要将更多的注意力放在知名度和参与度指标上，而不是点击量或销售额等转化指标，前者能够证明我们的内容影响了目标受众，并使他们在我们身上投入时间。我建议关注几个方面，比如影响力、观点、参与时间、社交参与、评论、回复和其他受众认可的指标。
>
> 在任何情况下，开始内容计划之前，必须就衡量标准和关键绩效指标进行对话，确保所有人达成共识，为实现预期目标不断优化内容，并且确

保有合适的工具对相应的指标进行衡量。[7]

每个工作日，世界经济论坛的数字化编辑团队都要在评审会议和编辑会议期间对故事的效果进行衡量与分析。每周的评审会议和战略会议上还会评估趋势。

借这个机会，他们可以了解哪些故事"通过网络传播"并在目标受众中获得成功。可以进一步对受欢迎的话题详细分析；可以记录在受众中取得成功的方法和观点（例如乐观和积极的态度）；可以跟踪受众喜欢的形式。

世界经济论坛的品牌新闻和批量发布的方法之所以能够取得成功，关键在于持续、密切地监测输出，并相应地调整系统和内容或主题。并非每个组织都能在话题上投入如此大量的时间和资源，但定期（每周或每月）复盘可以为目标受众呈现最适合的主题。

个人故事：从哪些方面进行衡量

如果你没有通过付费社交媒体和搜索渠道为品牌新闻提供支持，那么你可以根据内容自然分发所取得的成功与衡量指标思考以下问题：

- **成功的话题**：是否有一个特定的话题或讨论领域比其他话题或讨论领域更受欢迎？
- **个人影响者**：你的团队中是否有成员通过他们的内容获得更高的吸引力？其原因在于话题还是在于网络与分享能力？
- **停留时间**：有一些文章是否能够吸引人们停留更长的时间？这些文章的主题、写作风格或内容形式有哪些特点？
- **评论、点赞和分享**：在你的内容中心或社交网站上，哪些内容（形式、主题）可以引起互动？人们在谈论什么？是否引发了高质量的讨论？
- **观看时间**：在你的频道中，哪些视频被多次观看并分享？有多少视频在播放5秒或10秒后被观众关闭？有多少视频被完整播放？

> 内容是手段而非结果。我们的目标不是精通内容创作，而是要借助内容提高经营业绩。
>
> ——杰伊·贝尔（Jay Baer），Convince & Convert（一家美国社交媒体策划公司）创始人[8]

衡量贯穿客户旅程

对组织而言，只衡量知名度可能远远不够，这种做法无法清楚地展示品牌新闻的投资回报率。另一种方法是将结果与内容在"客户旅程"中发挥作用的阶段进行匹配。可以从认知阶段开始，然后使受众产生兴趣、增加信任以及促进销售或转化——在宣传仍然重要的情况下，你可以继续衡量品牌新闻的效果和销售后的投资回报率（表11.1）。

表11.1 衡量贯穿客户旅程

客户旅程阶段	关键绩效指标：内容或故事发挥了什么作用	衡量指标
认知	内容需要传递给正确的人群	特定页面、文章与视频（包括停留时间）的阅读量或播放量 网站的直接流量 赢媒体提及的数量 自媒体平台的受众增长率 文章在社交媒体平台上的影响范围
兴趣	内容需要吸引人，从而建立品牌认知	参与度：文章、帖子、播客、视频分享数与评论数 网站：页面停留时间、每次访问的页面浏览数、跳出率 社交媒体帖子参与度：点赞数、评论数、点击数、社交分享数 社交媒体占有率：与主要的竞争对手或宣传活动相比 各平台关注者数量增长

续表

客户旅程阶段	关键绩效指标：内容或故事发挥了什么作用	衡量指标
考虑	为了成为客户的考虑对象，品牌需要证明它们理解客户的需求与信念	电子邮件订阅量与参与度 转化率与点击率 博客、播客、视频频道的订阅量 在页面内针对品牌情怀的调查
意向	为了建立信任，品牌与个人必须有共同的价值观、信念与期望	网站关键页面的访问量——通过网站进入客户旅程的下一阶段 文章与内容的阅读量、评论数、分享次数 在网站的停留时间，在特定文章的停留时间，跳出率
评价	为了完成销售，品牌需要让人们相信它的价值	网站、内容中心关键页面的持续和重复访问量 着陆页下载量 网络研讨会与活动参与人数（线上和线下）
购买	品牌需要用超出客户预期的行动，让他们相信自己做出了正确的决策	线上销售量 追踪的销售转化率（通过客户关系管理） 销售团队获得的MQL（营销合格线索）数量
购后	品牌需要引发共鸣，从而培养新的关系	为回访者提供的内容 评论与社群评论 在社交媒体上的持续参与度，如点赞数、评论数、分享数 文章、内容持续分享数、评论数、互动

营销自动化与衡量工具可以节省你的时间和精力。发帖和监测工具（如Buffer或Hootsuite）通常包括数据仪表盘，用于衡量上述指标和其他指标；社交媒体网站还能提供你所需的全部数据。如果你没有订阅这些工具，也可以建立电子表格来跟踪和分析各项指标。

| 案例分析 |

红帽公司

市值30亿美元的软件公司红帽公司是内容营销领域的领导者。在过去几年间，公司的全球内容总监劳拉·哈姆林建立了一支庞大的团队，为高级管理团队、网站与销售团队创造内容资产。她说：

> 我们的方法依赖于故事的目的以及内容类型的可衡量性。如果是为了建立品牌认知，我们会在人们与内容互动的前后衡量品牌亲和力的变化。对于视频内容，我们也会衡量视频的完播率以及频道的订阅人数。对于播客内容，我们会衡量收听（听完）时间与下载量和订阅量。我们也会关注分享量与社交舆情。我最喜欢用社交媒体分享相关内容，看到粉丝们分享我们的内容，这种感觉很棒。他们确实推荐这些内容。
>
> 我们认为，常青内容和活动内容可以搭配使用。例如，随着时间的推移，网站的自然流量会转化，并创造出最有价值的潜在客户。2018—2019年，我们的网站访客价值同比增长了105%。
>
> 我们的团队通过所谓的"销售对话"来传递信息。通过研究，我们确定"销售对话"的主题，它们是关系到客户和潜在客户自身利益的挑战或机遇。
>
> 我们所有的营销团队都会使用这些主题，因此销售人员、营销人员以及潜在客户和客户都会接触到相同的词语和概念。常青内容需要随着时间的推移才能建立信任、提供意义，成为可靠的信息来源。活动内容则具有更高的动态性和流动性，可以通过付费媒体建立品牌认知，或作为行动号召，告诉潜在客户下一步要采取什么行动。随着数据与营销技术的进步，我们可以不断提高活动内容的个性化，反映客户和潜在客户的目标以及用户画像。

综合性的度量体系

有些人希望采取更广泛的衡量方法，特别是当他们希望建立长期的品牌认知时。丽贝卡·列布在其著作《内容：营销的原子粒子》（*Content：The Atomic Particle of Marketing*）中概述了一种"罗盘衡量法"，可以综合评估一系列潜在的业务成果，而不仅仅是简单的营销或传播成果，或销售漏斗（旅程指标）。

第十一章
衡量影响力：建立指标体系

从广义上来说，这种方法可以衡量内容给企业带来的更大范围的影响（图11.1）。

创新
与客户共同推进未来的产品与服务

品牌健康
衡量对品牌的态度以及针对品牌的对话与行为

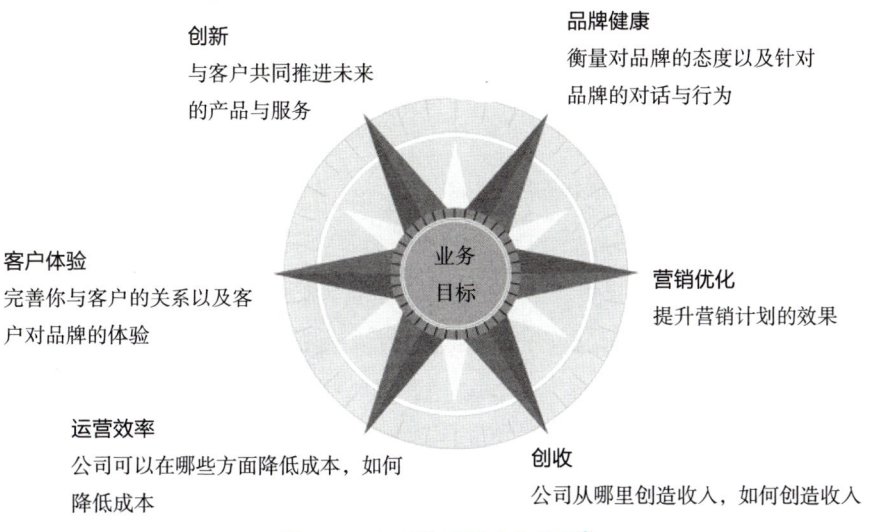

客户体验
完善你与客户的关系以及客户对品牌的体验

业务目标

营销优化
提升营销计划的效果

运营效率
公司可以在哪些方面降低成本，如何降低成本

创收
公司从哪里创造收入，如何创造收入

图11.1　内容策略的商业价值[9]

- **品牌健康**：衡量潜在客户群体对品牌的态度以及针对品牌的对话与行为。

- **营销优化**：支持广泛的营销活动或推广活动的总称。

- **创收**：在一个复杂的销售旅程中，通常很难准确跟踪潜在客户的转化情况——是衡量客户最后接触的内容，还是衡量他前四次接触的内容？可以收集销售旅程有关的可衡量活动（如附带性下载、门槛内容参与和网络研讨会注册）的直接统计数据。

- **运营效率**：优化生产，在某些营销领域提高运营效率。

- **客户体验**：内容可以展示客户支持和服务领域的价值，这是大多数组织投入大量成本的地方。

- **创新**：内容可用于征求创意，吸引客户参与，从而帮助组织实现更宏大的目标。[10]

| 案例分析 |

塔塔咨询服务公司：Digital Empowers

塔塔咨询服务公司的首席营销和传播官阿比纳夫·库马尔已经看到了

以目标主导的内容所带来的巨大利益，这些内容都发布于该公司的内容中心Digital Empowers上[11]。库马尔在一次访谈中表示，只有简单的指标还不够：

关键是让社群、分析师、投资者和其他人参与进来——最终，当我们通过品牌审计来了解情况时，就能看到这样做的好处。你可以衡量很多方面，它是一门科学，也是一门艺术。其科学的部分衡量是关键，而数据能让衡量变得更加容易，但也必须给直觉和本能留出一定的空间。我们在Digital Empowers上制作了很多短视频，一线销售人员可以使用这些视频。许多销售人员将这些视频用于活动，或者与客户交谈时，用这些视频进行产品演示。

这些年来，我与很多人谈过这件事。他们认为，当你与客户进行商业对话时，如果用这些故事开始对话，可以与客户建立不一样的联系。它能激发客户的情感，也有助于我们树立负责任、造福社会的企业形象，这是所有企业都关心的重要问题。

延续价值

原创内容需要时间和资金的投入，因此必须确保组织内的材料能够得到充分利用。用于销售漏斗初始阶段的思想领导力或品牌新闻内容可以经过重新制作，变为销售与挖掘潜在客户的材料（图11.2）。例如，将博客内容整合成白皮书、报告或洞察报告等，通过电子邮件分发或打印成册用于现场活动。

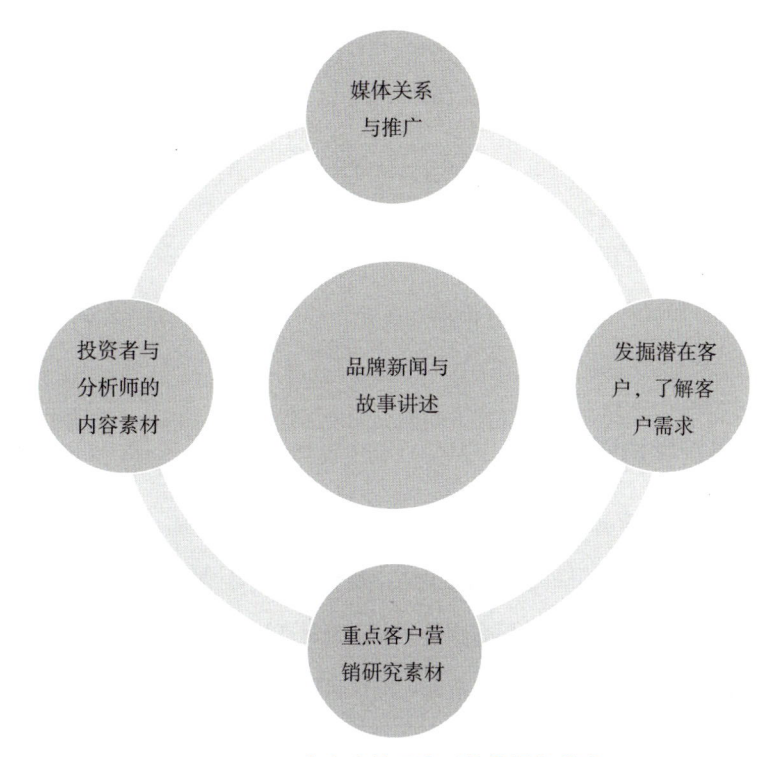

第十一章
衡量影响力：建立指标体系

图11.2 以内容支持更广泛的传播与推广

媒体关系与推广

用于销售漏斗初始阶段的品牌新闻将面向众多受众（如果你希望精确吸引关键受众的注意，可以通过付费推广准确定位关键受众）。在创造品牌新闻时，请思考以下问题：

- 你是否与公关团队保持联系，以根据更高的传播期望和更大范围的活动来规划内容？
- 你是否通过品牌新闻提供了销售线索或新闻报道？
- 你是否向品牌记者介绍过如何寻找可供公关团队建立媒体关系或引起受众兴趣的优质新闻线索？

最好与公关团队密切合作，使内容与公关活动相吻合，并获得最大的吸引力。

这很简单，你可以在举行重要的全球活动时发布品牌新闻故事（例如关于可持续的全球政治活动或联合国可持续发展目标的情况）。

发掘潜在客户

正在寻找特定的潜在客户的销售团队可以经常引用品牌新闻和已经发布的故事。关键文章的成功能够帮助销售团队确定客户对什么感兴趣以及客户可能如何回应。

重点客户营销研究素材

有针对性的高质量的重点客户营销（ABM）活动需要以深入的研究和高质量的内容为基础。你可以利用品牌新闻故事来支持重点客户营销活动，并以此为起点寻找更多素材，或针对特定的目标客户重新利用现有的内容。内容中心可以存放重点客户营销材料，通过有针对性的付费或免费社交媒体内容，放大你的故事。

投资者与分析师的内容素材

可以将高质量的内容整合或重新整理，将其转化成长篇的投资者或分析师材料，这些材料可以以数字化的形式传递给目标受众，或者打印出来，在关键影响者、合作伙伴或分析师出席的销售会议或现场活动中分发。

没有一个简单的方法可以衡量所有的品牌新闻资产——多种工具和方法使情况变得更加复杂。但市场上的大量实例表明，该领域的领导者正在开发混合方法，以衡量活动效果和成功与否，从而显示内部投资回报率。随着环境、工具和目标的变化，你也要经常审查和测试你的方法，这样才能保证在短期内和长远的未来，你都能持续不断地提供品牌新闻。

第十二章

为新闻编辑室带来生机

第十二章
为新闻编辑室带来生机

到目前为止，你已经掌握了品牌新闻在内容营销中的作用，你的公司可以讲述哪些故事，如何创造并发布内容，以及内容分发的问题和将内容传递给受众的过程。你已经有了策略、计划和（我们所希望的）资源——现在你需要的就是行动起来。

品牌新闻并非一种能够快速起效的营销方法，而是一个具有吸引力且简单易行的工具，现代营销人员可以利用这些工具来建立品牌认知，提高受众对公司的关注度。如果你的预算可以负担人力成本，那么品牌新闻是一个良好的起点；如果不能，还有其他方法来实现你的内容创造和发布。

> 当今的记者有大量工作可做，他们不再局限于新闻行业。
> ——马克·琼斯，世界经济论坛数字内容主管

寻找人才

正如第四章提到创作故事时所说，内容创造的方法多种多样，企业可以将内容外包，也可以独立制作，或者将两种方法结合。无论你选择哪种方法来创造品牌新闻，最关键的始终是人。

要建立一个新闻编辑室，你需要记者。那些在一线的新闻工作者——无论是

文本新闻、网络新闻、视频新闻还是广播新闻工作者，都知道如何在资源有限的情况下高效地讲述一个故事。如果你还不需要一支专门的记者团队，那么可以考虑聘用自由职业者，或者招聘具有新闻素养的人——寻找有好奇心、机智且有活力的作者，你可以为他们提供支持，将他们发展成自己的内部记者。你也可以从组织内部挑选聪明且富有好奇心的员工，培养一支自己的团队。现在流行的做法是，寻找愿意承担技术和数据挖掘工作，并具备传统的写作和故事开发能力的团队成员。

内容外包

一些组织，特别是大型的全球性公司，拥有多个团队和一系列产品，通常会利用外部代理机构为它们创造内容。本书所采访的许多组织都有自由职业者团队，或者与一两家机构建立长期合作关系。

如果选择通过外部代理机构创造品牌新闻，我认为以下措施会有所帮助：

确定基调：代理机构最初为你制作的几篇内容的基调可能不够准确。学习一个品牌在各个层面的语言，并掌握其中的细微差异，这个过程需要花费一定的时间。

重复：不断尝试和学习，逐步调整方法。如果最初与你合作的作者或创作者不适合品牌或内容，请尝试不同的作者或创作者。

将传播与内容联系起来：内容营销和品牌新闻与公关和媒体关系活动密切配合，才能发挥优势；双方可以从合作中获益。

确定流程：与代理机构确定定期委托和发布内容的流程，持续性和常规性有助于提高效率，特别是在跨多个平台创造大量内容的情况下。

寻找危险信号：从一开始就要明确某些故事、评论或观点可能存在的问题。

长期投入：当代理机构与你的团队深入了解了内容、信息，并掌握了客户的个性后，可以持续对内容加以改进。

不断创新：在数字营销这样一个持续变化的环境中，必须不断尝试新方法。

保持稳定的团队：理想情况下，代理机构会保证一定数量的作者以及客户，确保内容与方法的一致性。

完美的团队

无论是聘用一家代理机构为你或你的品牌建立一支团队，还是在组织内部组建并管理一支团队，都需要运用一定的技巧。你需要什么样的团队成员，取决于内容创造的策略和方法。例如，如果你主要进行内容策展而不是内容创造，那么你的需求就不同于那些制作并发布百分百原创内容的公司。

创建团队的方法之一是按照主编的愿景，将职能进行细分。有些工作可以合并，以减少团队成员的数量，或者如果你的人手有限，也可以聘用由自由职业者进行补充。

新闻编辑室结构

我们用来聘用员工创造内容并管理内容的预算是有限的。你所需要的关键团队成员是能够管理和推动所有内容和报道的主编。图12.1是新闻编辑室的结构示意图。

编辑/主编
编辑委员会：灵活的团队构成，可以包括传播团队、销售团队、公交团队、营销团队

文章	视频和视觉资料	社交媒体
写作者——具备多方面的知识和经验，专注于利基市场或行业垂直领域 自由职业者 校审团队	创造视频：拍摄、工具管理与编辑 制作帖子，包括图表（平面图、动图、3D）、动画等	制作社交媒体帖子 制作图表和帖子 数据分析与审查

制定战略、控制质量、跨团队的数据分析
财务管理／执行编辑／人员配备与招募

图12.1 新闻编辑室结构示意图

除了主要任务之外，还有其他任务需要由自由职业者、内部团队成员或代理机构员工来完成。新闻编辑室各不相同，但一般会包含以下角色：

编辑/主编：在传统的新闻编辑室，这些资深记者会决定新闻输出的优先顺序（希望发布哪些新闻），主要故事是什么，根据受众的喜好，哪些故事值得追踪。这些资深记者会协调资源，确定关注焦点，并明确由哪些团队报道哪些故事。

记者/作者：这些记者身处一线，收集故事信息，将一般文章、长篇专题文章、信息图和视频或图形脚本汇集起来。

校审：作家和校审将审查你的作者和记者所创作的内容，确保内容符合要求，质量上乘，并反映品牌的基调和态度。这也是对输出内容的质量把控。可以由一个团队在所有作品发表之前对其进行审阅——他们可以被称为"最后的眼睛"。

制作者：制作者可能会在编辑室里承担许多编辑工作。他们可能会根据你的品牌新闻创造和发布一系列社交媒体内容，或者编辑片段、寻找信息和源图像或研究信息图表。

数据团队：如今，我们可以使用的平台、方法、形式和衡量指标又多又杂，数据分析师和社交媒体专家（无论是内部还是外包）都是团队的关键组成部分。

在可能的情况下，你需要在组织内部培养人才，让他们讲故事，并为他们提供额外的新闻支持，这是很多品牌记者的思路。

梅拉妮·迪兹尔创立了StoryFuel，这是一家旨在帮助组织更加有效地讲述故事的机构。在接受我们的采访时，她提到，在帮助客户打造团队时，她会为客户提供如下建议：

> 品牌必须牢记，讲故事是一项技能，通常需要专业的人才，且不同于他们在内部开发产品时所需要的技术人员。通常第一步要做的是从新闻界、传播界和其他创意领域引进具备相关技能的合适人员。
>
> 然后我会鼓励品牌留意内部的人才和专家，思考如何帮助他们分享故事。每个人都有我所谓的"第一内容语言"，或者他们喜欢用的交流方式，无论是口头的、书面的还是其他形式。从品牌内部找到一位专家后，我们会请他与优秀的故事讲述者合作，请这位专家以他喜欢的方式来分享经验，同时请故事讲述者用最有效的方式向目标受众转述这些经验。

聘用合适的记者

建立一支品牌新闻团队并不仅仅是聘用几位记者那么简单。重要的是聘用这样的团队成员：他们清楚自己在商业内容领域需要利用哪些技能，具备哪些适合新闻编辑室的好习惯。

大多数记者长期以来都处在一个被截稿日期追着跑的工作节奏中，他们已经适应了一种生产体系。他们善于在这些体系中工作，关注过程和细节，生产内容和持续报道。在时间紧迫的情况下定期制作大量内容，这种能力对一些没有从事过记者工作的人来说非常困难。

但是，并非所有的记者都适合企业。有些记者脱离了独立编辑的状态，受聘于一个需要销售产品或服务的品牌，他们可能无法顺利适应新角色。

马克·琼斯曾是一名记者，现在担任世界经济论坛的数字内容主管，有一支由经验丰富的记者组成的团队，负责内容发布，此外还有代理机构和自由职业者配合这个核心团队：

> 吸引受众阅读你写的内容，倾听你说的话，观看你制作的视频，这几乎是现在所有组织都必须要做的事，媒体界以外的组织都不擅长这种活动。你需要思维敏捷的人。
>
> 我们都很忙，世界上有很多分散注意力的事情——所以你的内容有什么宝贵之处，能够使其大受欢迎？一些记者对此不屑一顾，而另一些记者则对这一挑战充满兴趣。

数据与项目管理技巧

在今天的内容创作团队中，你需要依靠分析师或专家来处理所有数据（跨社交媒体和内容开发与共享），以了解活动或故事分享的效果，并加以优化。你还需要招募灵活、乐于学习新平台和工具的团队成员，因为我们已经看到，内容营销领域总是瞬息万变。他们需要分析哪些内容有效，什么时间适合发布哪些内容。

根据奥特米特集团的研究[1]，大部分内容创造者主要依靠网站的分析工具来获取信息，以此确定内容战略。内容创作者和机构最常用的数据来源如下：

- 网站分析工具；
- 客户调查与报告；
- 社交媒体衡量指标；
- 客户服务与呼叫中心记录；
- 第三方数据库；
- 客户关系管理系统。

软件巨头红帽公司的全球内容总监劳拉·哈姆林已经建立了一支能够协调大规模内容营销活动的编辑团队。这支营销传播团队是所有营销内容活动的中心。劳拉说：

我们为全球范围内的团队提供可用的核心资源，以此作为我们的延伸。我们的团队非常熟悉业务，与营销人员、销售团队和行业专家建立了密切的关系。因此我们能够快速掌握相关见解，而其他机构要提出这些想法可能需要花费很长时间。我的团队喜欢这个模式，因为在充分了解主题的情况下，创意也会源源不断地涌现。我也聘用了记者、系统思想家、研究人员、博士和学者、运动员、双语人才、数据迷。我喜欢寻找那些能够耐着性子深入思考和研究某个话题的人。写作团队应该兼收并蓄，特别是考虑到要将后端内容策略、前端内容策略、故事开发、转换和数据分析联系在一起的时候。这些都是发生在我们团队里的情况。这样的团队协作能够保证品牌内容的持续性，这对我们这样一个值得信赖的创新技术品牌来说至关重要。

因此，不仅要招募具备一定技能的人才——就像你过去选择团队成员时一样，最重要的应该是态度。媒体战略研究所（Institute for Media Strategies）的迪特马尔·尚丁（Dietmar Schantin）认为[2]，现代新闻编辑室需要：

- 愿意学习和改变的人。
- 灵活的故事讲述者。"数字媒体和新的传媒形式的出现提供了一系列工具，能够帮助我们以令人信服的方式讲故事。"尚丁补充道，"我们的目标是建立一个能够用新工具讲故事的编辑部门。"
- 具备分析思维且关注受众的员工。

以工具为支撑

作为一名品牌记者，你需要在工作范围内利用并持续审查营销技术工具。创造内容，却不能将内容传递给正确的受众，或实现你需要的结果，这是毫无意义的。在内容策略、内容创造、输出、分享和追踪的每个阶段都离不开品牌新闻的"营销技术栈"（一批软件组件）。也许你很幸运，拥有大量的内容和庞大的运营规模，因此可以创建自己的洞察引擎或工具，以此确定内容成功与否，但许多人需要购买

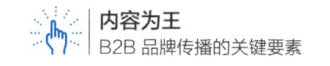

工具，或在流程的每个阶段使用一种免费工具。

市场上的营销工具多得难以想象，本书不会详细探讨这些工具。每一个工具类别中都有一些可以免费使用的工具，因此在处理大量材料或内容之前，你未必需要花钱购买企业级工具。常用品牌新闻工具类型见表12.1。

表12.1 品牌新闻技术工具

用途	工具类型
内容分析与策略	内容效果分析工具 受众（网站与社交媒体）分析工具
受众分析	网站个性化与测试工具 内容效果分析工具
内容创造	自动化的视频制作工具 可用于制作图片、GIF图和视频的图形工具 内容日程表与时间表工具
内容中心构建	交互式中心开发
社交媒体管理	社交媒体管理与绩效 社会化聆听工具
内容管理	数字资产管理系统 内容营销平台

只依赖基于信息技术的分析很容易让人得意忘形，因此必须分析并关注品牌新闻和故事讲述中不易被察觉的一面，以及这些故事如何在你试图建立联系的现实人群中引发共鸣。马克·谢弗在接受我们的采访时，表达了对数据及其在营销中的作用的看法——我们应该关注什么：

> 我认为企业目前最大的问题是他们对技术着迷。技术已经成为营销的敌人，这不是因为技术本身有害或不好，而是因为它太好了，太容易了，太便宜了，太令人陶醉了。因此，我们不断增加营销技术栈，不断投资，即使研究表明，80%的首席营销官甚至不了解他们所拥有的技术。
>
> 我们把注意力都集中在了数据仪表盘上，努力寻找一个根本不存在的

"简化营销"按钮。我们需要将注意力从数据仪表盘上移开，脱离技术，将注意力重新放到客户身上，建立真正的人际关系，走出去与客户交谈，倾听客户的意见。我们太沉迷于技术了，建立信任的关键是进行以人为本的营销，第一步就是了解客户的需求，与客户建立情感联系。[3]

在当今数字营销领域，我们唯一可以确定的就是"变化"。在品牌新闻的旅程中，营销人员可以使用的技术只会越来越多。无论你选择用什么技术来支持你的计划、故事和内容分发，都要确保这是一个循环往复的过程，其核心是通过不断的尝试吸取教训，积累经验。

参考文献

第一章

1. IBM (2017) 10 Key Marketing Trends for 2017, IBM Marketing Cloud, 3rd February. Available from: http://comsense.consulting/wp-content/uploads/2017/03/10_Key_Marketing_Trends_for_2017_and_Ideas_for_Exceeding_ Customer_Expectations.pdf. (archived at https://perma.cc/3NAJ-HVZ7).

2. Dzamic, L and Kirby, J (2018) *The Definitive Guide to Strategic Content Marketing: Perspectives, issues, challenges and solutions*, Kogan Page Publishers, p.50.

3. SEO Tribunal (2019) 58 amazing blogging statistics for 2019, *SEO Tribunal*, 7 February. Available from: https://seotribunal.com/blog/blogging-statistics/ (archived at https://perma.cc/B6S6-VH7L).

4. BBC (2019) Facebook tackles Russians making fake news stories, BBC News, 17 January. Available from: https://www.bbc.co.uk/news/technology-46904835 (archived at https://perma.cc/F2QR-QAZZ).

5. Barthel, M *et al* (2016) Trust, Facts and Democracy, Pew Research Centre, 7 July. Available from: https://www.journalism.org/2016/07/07/trust-andaccuracy/ (archived at https://perma.cc/X9HK-TLTU).

6. Iannopollo, E (2019) Happy data privacy day: five lessons learned on regulatory enforcement, *Forrester*, 28 January. Available from: https://go. forrester.com/blogs/happy-data-privacy-day-five-lessons-learned-on-regulatoryenforcement/ (archived at https://perma.cc/UU3C-M3XB).

7. Iannopollo, E (2018) Embrace privacy as your corporate social responsibility, *Forrester*, 19 October. Available from: https://go.forrester.com/blogs/embraceprivacy-as-your-corporate-social-responsibility-csr/ (archived at https://perma. cc/DHJ5-FT6D).

8. Iannopollo, E (2019) Happy data privacy day: five lessons learned on regulatory enforcement, *Forrester*, 28 January. Available from: https://go. forrester.com/blogs/happy-data-privacy-day-five-lessons-learned-on-regulatoryenforcement/ (archived at https://perma.cc/UU3C-M3XB).

9. Demand Gen Report (2016) Content Preferences Survey: B2B buyers value content that offers data and analysis, *Demand Gen Report*, Hasbrouck Heights, NJ. Available from: https://www.demandgenreport.com/resources/ research/2016-content-preferences-survey-b2b-buyers-value-content-thatoffers-data-and-analysis (archived at https://perma.cc/S9YX-JLTP).

10. Wizdo, L (2017) The ways and means of B2B buyer journey maps: we're going deep at Forrester's B2B forum, *Forrester*, 21 August. Available from: https://go.forrester.com/blogs/the-ways-and-means-of-b2b-buyer-journey-maps-weregoing-deep-at-forresters-b2b-forum/ (archived at https://perma.cc/NZR2-QTTE).

11. Long, J, Roark, C and Theofilou, B (2018) The bottom line on trust, *Accenture*, 30 October. Available from: https://www.accenture.com/us-en/insights/strategy/trust-in-business (archived at https://perma.cc/D7WC-JFU4).

12. Deloitte (2019) The Deloitte Global Millennial Survey 2019, Deloitte, 20 May. Available from: https://www2.deloitte.com/global/en/pages/aboutdeloitte/articles/millennialsurvey.html (archived at https://perma.cc/YGL4-EJJF).

13. Demand Gen Report (2016) Content Preferences Survey: B2B buyers value content that offers data and analysis, *Demand Gen Report*, HasbrouckHeights, NJ. Available from: https://www.demandgenreport.com/resources/ research/2016-content-preferences-survey-b2b-buyers-value-content-thatoffers-data-and-analysis (archived at https://perma.cc/S9YX-JLTP).

14. Camuso, M and Ramos, L (2017) 'Crap' content continues to describe B2B marketing: don't let it describe yours, *Forrester*, 7 December. Available from: https://go.forrester.com/blogs/crap-content-continues-to-describe-b2bmarketing-dont-let-it-describe-yours/ (archived at https://perma.cc/WHX7-MK7P).

15. Smith, M (2019) Britons least likely of 22 nations to trust information on social media, *YouGov*. Available from: https://yougov.co.uk/topics/technology/articles-reports/2019/05/07/britons-least-likely-22-nations-trust-information (archived at https://perma.cc/W9R7-JXUC).

16. Edelman (2019) 2019 Edelman Trust Barometer: Global Report, Edelman, 20 January, p 19. Available from: https://www.edelman.com/sites/g/files/aatuss191/files/2019-02/2019_Edelman_Trust_Barometer_Global_Report.pdf (archived at https://perma.cc/68U8-P5YD).

17. Spanier, G (2019) The good, the bad and the troubling: trust in advertising hits record low, *Campaign*, 30 January. Available from: https://www.campaignlive.co.uk/article/good-bad-troubling-trust-advertising-hits-record-low/1524250 (archived at https://perma.cc/9K8E-D347).

18. Oakes, O (2017) Lord Puttnam warns ad industry: trust is the most urgent task ahead, *Campaign*, 9 March. Available from: https://www.campaignlive.co.uk/article/lord-puttnam-warns-ad-industry-trust-urgent-task-ahead/1426792 (archived at https://perma.cc/HXE8-Y83C).

19. Edelman (2019) 2019 Edelman Trust Barometer: Global Report, *Edelman*, 20 January, p 34. Available from: https://www.edelman.com/sites/g/files/aatuss191/files/2019-02/2019_Edelman_Trust_Barometer_Global_Report.pdf (archived at https://perma.cc/68U8-P5YD).

20. Edelman (2017) Earned Brand Report, *Edelman*, 18 June. Available from: https://www.edelman.com/research/earned-brand-2017 (archived at https://perma.cc/CJ67-HNJE).

21. O'Brien, K (2017) How Lenovo is taking its brand beyond tech innovation, *The Drum*, 11 January. Available from: https://www.thedrum.com/news/2017/01/11/how-lenovo-taking-its-brand-beyond-tech-innovation (archived at https://perma.cc/W76H-RZY3).

22. Ritson, M (2016) If you think the sales funnel is dead, you've mistaken tactics for strategy, *Marketing Week*, 6 April. Available from: https://www. marketingweek.com/2016/04/06/mark-ritson-if-you-think-the-sales-funnel-isdead-youve-mistaken-tactics-for-strategy/?nocache=true&login_ errors%5B0%5D=invalidcombo&_lsnonce=f0c28e9876&rememberme=1&adfesuccess=1 (archived at https://perma.cc/RDS7-TQD9).

23. Catlin, T *et al* (2016) How B2B digital leaders drive five times more revenue growth than their peers, *McKinsey*, October 2016. Available from: https://www.mckinsey.com/business-functions/marketing-and-sales/our-insights/how-b2b-digital-leaders-drive-five-times-more-revenue-growth-than-their-peers (archived at https://perma.cc/ML9A-N3RA).

24. Godin, S (2018) *This is Marketing: You can't be seen until you learn to see*, Portfolio, p.53.

25. Court, D *et al* (2009) The consumer decision journey, *McKinsey*, June 2009. Available from: https://www.mckinsey.com/business-functions/marketing-andsales/our-insights/the-consumer-decision-journey (archived at https://perma.cc/G4VL-4G7Z).

26. Fromm, J (2019) Purpose series: a purpose-driven brand is a successful brand, *Forbes*, 16 January. Available from: https://www.forbes.com/sites/jefffromm/2019/01/16/purpose-

series-a-purpose-driven-brand-is-a-successfulbrand/#714fc7e6437d (archived at https://perma.cc/G89T-3QZ2).

27. Quartz Insights & WE (2019) Leading with purpose in an age defined by it, *Quartz Insights & WE*, May. Available from: https://we-worldwidearhxo0vh6d1oh9i0c.stackpathdns.com/media/445720/we_purposeleader-190509-final.pdf (archived at https://perma.cc/ESP7-9L85).

28. Unilever (2019) Selling with Purpose, *Unilever*, 2019. Available from https://sellingwithpurpose.unilever.com/?p=252 (archived at https://perma.cc/K2HF-7UGY).

29. Fink, L (2019) Purpose & Profit, *Blackrock*. Available from: https://www.blackrock.com/corporate/investor-relations/larry-fink-ceo-letter (archived at https://perma.cc/7DYW-C4SC).

30. IBM (2018) 2019 Marketing Trends, IBM, December 2018. Available from:https://www.ibm.com/downloads/cas/RKXVLYBO (archived at https://perma.cc/7UV8-WCYU).

31. Nathan, S and Schmidt, K (2013) From promotion to emotion: connecting B2B customers to brands, *Think with Google*, October. Available from: https://www.thinkwithgoogle.com/marketing-resources/promotion-emotion-b2b/(archived at https://perma.cc/7KTU-KBN3).

32. Taylor, H (2017) B2B *Marketing Strategy: Differentiate, develop and deliverlasting customer engagement*, Kogan Page Publishers, p.12.

第二章

1. Bull, A (2013) *Brand Journalism*, Routledge, p.1.
2. Light, L (2014) Brand Journalism: How to engage successfully with consumers in an age of inclusive individuality, *Journal of Brand Strategy*, 3 (2), pp.121–28.
3. Lyons, D (2013) The CMO's guide to brand journalism, *HubSpot*. Available from: https://www.hubspot.com/cmos-guide-to-brand-journalism (archived at https://perma.cc/3BC3-BSZ7).
4. Answer The Public (nd) Available from: https://answerthepublic.com/ (archived at https://perma.cc/Z7S6-VWLV).
5. Interview with Amy Hatch for this book, referring to SAP website: *Future of Customer Engagement and Commerce*.
6. Schaefer, M W (2015) *The Content Code: Six essential strategies to ignite your content, your*

marketing, and your business, Mark W Schaefer, p.97.

7.Schaefer, M W (2015) *The Content Code: Six essential strategies to ignite your content, your marketing, and your business*, Mark W Schaefer, p.109.

8.Hardach, S (2018) How you talk to your child changes their brain, *World Economic Forum*, 28 February. Available from: https://www.weforum.org/agenda/2018/02/how-you-talk-to-your-child-changes-their-brain/ (archived at https://perma.cc/9X5U-2VN4).

9.Purtill, C (2018) What Croatia's president taught the world about leadership at the World Cup, *World Economic Forum*, 17 July. Available from: https://www.weforum.org/agenda/2018/07/croatia-s-president-taught-a-lessonin-leadership-at-the-world-cup/ (archived at https://perma.cc/97B8-5B2X).

第三章

1.Prophet (2018) There are 5 content strategy archetypes – pick one, *Prophet*, 12 July. Available from: https://www.prophet.com/2018/07/choosing-the-rightcontent-strategy-archetype/ (archived at https://perma.cc/T9UW-TBLJ).

2.Dun & Bradsheet (nd) Perspectives. Available from: https://www.dnb.co.uk/perspectives.html.

3.American Express (nd) Business Trends and Insights, American Express. Available from: https://www.americanexpress.com/en-gb/business/trends-andinsights/ (archived at https://perma.cc/CPJ6-5C2M).

4.Prophet (2018) The 2018 state of digital content, *Prophet*. Available from: https://insights.prophet.com/2018-state-of-digital-content (archived at https://perma.cc/35SH-KFFQ).

5.Demand Gen Report (2019) 2019 Content Preferences Survey: Growing demand for credible and concise content reinforces need for research and relevancy in B2B messaging, *Demand Gen Report*, Hasbrouck Heights, NJ. Available from: https://www.demandgenreport.com/resources/reports/2019- content-preferences-survey-report (archived at https://perma.cc/J5EW-CMBJ).

6.The One Brief (nd) Available from: https://theonebrief.com/ (archived at https://perma.cc/SJ9Q-LNDY).

7.i-cio (nd) Global Intelligence for the CIO. Available from: https://www.i-cio.com/ (archived at https://perma.cc/7NRW-EDNL).

8. The Future of Engagement and Commerce (nd) Available from: https://www. the-future-of-commerce.com/ (archived at https://perma.cc/DZN8-SZ7U).

9. Mailchimp (nd) Voice and Tone, Mailchimp Content Style Guide. Available from: https://styleguide.mailchimp.com/voice-and-tone/ (archived at https://perma.cc/C44K-83UC).

10. Silber, T (2018) Multinational conglomerate GE Goes all in on content marketing, *Forbes*, 20 June. Available from: https://www.forbes.com/sites/ tonysilber/2018/06/20/multinational-conglomerate-ge-goes-all-in-on-contentmarketing/#9ad774963da3 (archived at https://perma.cc/43KG-WR5L).

第四章

1. Heath, C and Heath, D (2008) *Made to Stick: Why some ideas take hold and others die*, Random House, pp.15–19.

2. D!gitalist Magazine (nd). Available from: https://www.digitalistmag.com/(archived at https://perma.cc/Y5PE-K3UE).

3. Koch, C (2015) The 25 most important customer experience questions answered, *D!gitalist*, 18 February. Available from: https://www.digitalistmag. com/lob/sales-marketing/2015/02/18/25-important-customer-experiencequestions-answered-02253418 (archived at https://perma.cc/TB37-XVU7).

4. Hewlett Packard Enterprise Community (nd). Available from: https://community.hpe.com/ (archived at https://perma.cc/9N6L-RPSF).

5. World Economic Forum (nd). Available from: http://weforum.org/agenda (archived at https://perma.cc/AZA6-33CD).

6. Edelman (2019) 2019 Edelman Trust Barometer: Expectations for CEOs, *Edelman*, 29 April. Available from: https://www.edelman.com/research/trust-barometer-expectations-for-ceos-2019 (archived at https://perma.cc/LAX4-U6ZV).

7. Benioff, M (2016) Businesses are the greatest platforms for change, *Huffpost*, 18 January. Available from: https://www.huffpost.com/entry/businesses-arethe-greate_b_8993240 (archived at https://perma.cc/4N5P-KDJL).

8. Speicher, J (2019) Four ways to help close the skills gap in the age of automation, *Autodesk*, 12 June. Available from: https://adsknews.autodesk. com/views/four-ways-to-close-the-skills-gap-in-the-age-of-automation (archived at https://perma.cc/GX5P-7J9V).

9. Ritchie, R (2019) Defining a new ethic for technology, *I by Global Intelligence for the CIO*, May. Available from: https://www.i-cio.com/management/insight/item/a-new-ethic-for-technology (archived at https://perma.cc/J6SH-PAJV).

10. Anagnost, A (2019) Will a smarter social safety net help people survive the age of automation? *Redshift by Autodesk*, 12 June. Available from:https://www.autodesk.com/redshift/age-of-automation/ (archived at https://perma.cc/K96J-7DU9).

11. Jezard, A (2018) The rise of the humble brown box, *Spectra*, 15 November. Available from: https://spectra.mhi.com/the-rise-of-the-humble-brown-box (archived at https://perma.cc/32VM-T5MJ).

12. Redshift by Autodesk (nd). Available from: https://www.autodesk.com/redshift/ (archived at https://perma.cc/JAY2-SB28).

13. Gardner, K (2019) Six ways AI improves daily life, *D!gitalist Magazine*, 18 May. Available from: https://www.digitalistmag.com/improving-lives/2019/05/28/6-ways-ai-improves-daily-life-06198539 (archived at https://perma.cc/N24G-YK2X).

14. Hynes, C (2019) From college campuses to sports stadiums, IoT may hold the key to public safety, *Dell Technologies*, 12 June. Available from: https://www.delltechnologies.com/en-us/perspectives/from-college-campuses-to-sportsstadiums-iot-may-hold-the-key-to-public-safety/ (archived at https://perma.cc/KM46-C92S).

15. Centrica (nd) How algorithms deliver renewables to the grid, *Centrica Platform*. Available from: https://www.centrica.com/platform/ai-renewables(archived at https://perma.cc/68RK-8J95).

16. Taylor, H (2017) *B2B Marketing Strategy: Differentiate, develop and deliver lasting customer engagement*, Kogan Page Publishers, p.17.

第五章

1. Fetterolf, J, Poushter, J and Tamir, C (2019) A changing world: global views on diversity, gender equality, family life and the importance of religion, *Pew Research Center*, 22 April. Available from https://www.pewglobal.org/2019/04/22/achanging-world-global-views-on-diversity-gender-equality-family-life-and-theimportance-of-religion/ (archived at https://perma.cc/TR7G-3MFU).

2. World Economic Forum (nd). Available from: http://weforum.org/agenda (archived at https://

perma.cc/7MJD-CDFA).

3.Papandrea, D (2016) An Inside Look at Intel iQ's Global Content Marketing Strategy, NewsCred Insights, 14 December. Available from https://insights. newscred.com/intel-iq-global-content-marketing-strategy/ (archived athttps://perma.cc/5JGM-38ZL).

第六章

1.Miller, J (2018) B2B buyers have spoken: here's what they want from your content marketing, *LinkedIn*, 18 April. Available from: https://business.linkedin.com/en-uk/marketing-solutions/blog/posts/B2B-Marketing/2018/B2B-buyers-have-spoken-heres-what-they-want-from-your-content-marketing (archived at https://perma.cc/T2PP-NL2T).

2.An, M (2017) Content trends: preferences emerge along generational fault lines, *Hubspot*, 6 November. Available from: https://blog.hubspot.com/news-trends/content-trends-preferences?_ga=2.79538132.1320947067.1560881037-1945944375.1538653434#video (archived at https://perma. cc/7M8D-Y8RA).

3.Demand Gen Report (2019) 2019 Content Preferences Survey Report, *Demand Gen Report*, Hasbrouck Heights, NJ. Available from: https://www.demandgenreport.com/resources/reports/2019-content-preferences-surveyreport (archived at https://perma.cc/A3WH-XZEV).

4.Content Marketing Institute (2019) B2B content marketing 2019: benchmarks, budgets, and trends – North America, *Content Marketing Institute*, 10 October. Available from: https://contentmarketinginstitute.com/ wp-content/uploads/2018/10/2019_B2B_Research_Final.pdf (archived at https://perma.cc/UD9N-C78K).

5.Demand Gen Report (2019) 2019 Content Preferences Survey Report, *Demand Gen Report*, Hasbrouck Heights, NJ. Available from: https://www.demandgenreport.com/resources/reports/2019-content-preferences-surveyreport (archived at https://perma.cc/A3WH-XZEV).

6.Enge, E (2019) Mobile vs desktop traffic in 2019, *Stone Temple*, 11 April. Available from: https://www.stonetemple.com/mobile-vs-desktop-usage-study/ (archived at https://perma.cc/Y49U-BK8F).

7.An, M (2017) Content trends: preferences emerge along generational fault lines, *Hubspot*, 6 November. Available from: https://blog.hubspot.com/news-trends/content-trends-preferences?_ga=2.79538132.1320947067. 1560881037-1945944375.1538653434#video (archived at https://perma.cc/7M8D-Y8RA).

8. Enge, E (2019) Mobile vs desktop traffic in 2019, *Stone Temple*, 11 April. Available from: https://www.stonetemple.com/mobile-vs-desktop-usage-study/ (archived at https://perma.cc/Y49U-BK8F).

9. For more information, see the work of Joseph Campbell: https://www.jcf.org/works/titles/the-hero-with-a-thousand-faces/ (archived at https://perma.cc/B7YX-ZNZ8).

10. Zak, P J (2014) Why your brain loves good storytelling, *Harvard Business Review*, 28 October. Available from: https://hbr.org/2014/10/why-your-brainloves-good-storytelling (archived at https://perma.cc/N7R8-6R2N).

11. Muggeridge, P (2017) Saving the endangered one-horned rhino, one drone at a time, *Digital Empowers*, 8 January. Available from: https://digitalempowers.com/saving-endangered-one-horned-rhino-one-drone-time/ (archived at https://perma.cc/PTB2-XWBL).

12. Centrica (nd) The power plant next door. Available from: https://www.centrica.com/platform/the-power-plant-next-door (archived at https://perma.cc/PY8P-QKJQ).

13. McKenna, J (2017). The African country pioneering digital fishing, *Digital Empowers*, 18 December. Available from: https://digitalempowers.com/africancountry-pioneering-digital-fishing/ (archived at https://perma.cc/6XTC-N39Z).

14. Honeywell (2019) How close are we to flying in air taxis? *Honeywell*, 8 June. Available from: https://www.honeywell.com/en-us/newsroom/news/2019/06/how-close-are-we-to-flying-in-air-taxis (archived at https://perma.cc/E2CJ-2BYN).

15. Willige, A (2017) How robots will change the world, *Spectra*, 28 November. Available from: https://spectra.mhi.com/how-robots-will-change-the-world (archived at https://perma.cc/4X97-TFMN).

16. Bradberry, T (2019) Nine things that will kill your career, *World Economic Forum*, 8 August. Available from: https://www.weforum.org/agenda/2019/08/9-career-killers/ (archived at https://perma.cc/AV6D-P7RF).

17. McKenna, J (2019) These three forces are shaping the future of global energy, *Spectra*, 8 July. Available from: https://spectra.mhi.com/these-three-forces-areshaping-the-future-of-global-energy (archived at https://perma.cc/E26V-ZYAE).

18. Leibert, F (2017) 3 things every company can do to benefit from digital disruption, *World Economic Forum*, 14 December. Available from: https://www.weforum.org/agenda/2017/12/3-things-every-company-can-do-to-avoiddigital-disruption (archived at

https://perma.cc/Y6HX-U79T).

19. Worley, S (2019) The 5 coolest things on earth this week, *GE Reports*, 5 July. Available from: https://www.ge.com/reports/the-5-coolest-things-on-earth-thisweek-10/ (archived at https://perma.cc/6LKB-T63A).

20. Dean, B (2019) We analyzed 912 million blog posts. Here's what we learned about content marketing, *Backlinko*, 19 February. Available from: https://backlinko.com/content-study (archived at https://perma.cc/C4TF-NWM6).

21. Slack (nd) Available from: https://slackhq.com/ (archived at https://perma.cc/BV4W-YYUL).

22. Seale, S (2018) Axios reaches today's reader with 'Smart Brevity' journalism, INMA Conference Blog, 5 September. Available from: https://www.inma.org/blogs/conference/post.cfm/axios-reaches-today-s-reader-with-smart-brevityjournalism (archived at https://perma.cc/A2WA-A23G).

23. Nielsen (2019) Time flies: U.S. adults now spend nearly half a day interacting with media, *Nielsen*, 31 July. Available from: https://www.nielsen.com/us/en/insights/article/2018/time-flies-us-adults-now-spend-nearly-half-a-dayinteracting-with-media/ (archived at https://perma.cc/V4YY-7FN6).

24. Hutt, R (2019) Chart of the day: these are the world's most innovative economies, *World Economic Forum*, 30 July. Available from: https://www.weforum.org/agenda/2019/07/chart-of-the-day-these-are-the-world-s-mostinnovative-economies/ (archived at https://perma.cc/F5UX-R593).

25. Blackwell, J (2018) Content marketing: beginners guide for maximum success, *Buzzsumo*, 7 November. Available from: https://buzzsumo.com/blog/contentmarketing-beginners-guide (archived at https://perma.cc/N7NA-KKW9).

26. Tortoise Media (nd) Available from: https://www.tortoisemedia.com/ (archived at https://perma.cc/59L5-DBJQ).

27. Ernest (nd) Available from: http://www.ernestjournal.co.uk/ (archived at https://perma.cc/J9DC-7G3H).

28. The Slow Journalism Company (nd) Available from: https://www.slowjournalism.com/ (archived at https://perma.cc/XH4N-PF3T).

29. Rosenstiel, T (2016) Solving journalism's hidden problem: terrible analytics, Brookings

Center for Effective Public Management, February. Available from: https://www.brookings.edu/wp-content/uploads/2016/07/Solving-journalismshidden-problem.pdf (archived at https://perma.cc/F3XB-5NMN).

30. Volyes, B (2019) How to compete in a world of transient advantages, *Roland Berger*, 25 June. Available from: https://www.rolandberger.com/en/Point-of-View/How-to-compete-in-a-world-of-transient-advantages.html (archived at https://perma.cc/CW23-WB5Z).

31. Eva Matsa, K, Mitchell, A and Stocking, G (2016) Long-form reading shows signs of life in our mobile news world, *Pew Research Center, Journalism & Media*, 5 May. Available from: https://www.journalism.org/2016/05/05/long-form-reading-shows-signs-of-life-in-our-mobile-news-world/ (archived at https://perma.cc/E8Y4-JCK4).

32. Ibid.

33. Centrica Platform (nd) Available from: https://www.centrica.com/platform (archived at https://perma.cc/7VML-GU7B).

34. Zalani, C (2018) Amazing results with long-form content: 5 simple tips, *Semrush*, 19 October. Available from: https://www.semrush.com/blog/amazingresults-long-form-content-5-simple-tips/ (archived at https://perma.cc/K3EX-M42U).

35. Content Marketing Institute (2019) B2B content marketing 2019: benchmarks, budgets, and trends—North America, *Content Marketing Institute*, 10 October. Available from: https://contentmarketinginstitute.com/wp-content/uploads/2018/10/2019_B2B_Research_Final.pdf (archived at https://perma.cc/UD9N-C78K).

36. Grammarly (nd) Available from: https://www.grammarly.com/ (archived at https://perma.cc/2C2U-3BZ6).

37. Pro Writing Aid (nd) Available from: https://prowritingaid.com/ (archived at https://perma.cc/J3WA-R9DG).

38. Taylor, H (2017) *B2B Marketing Strategy: Differentiate, develop and deliver lasting customer engagement*, Kogan Page Publishers, p.32.

第七章

1. Standing, L, Conezio, J and Haber, R N (1970) Perception and memory for pictures: single-trial learning of 2500 visual stimuli, *Psychonomic Science*, 19 (2), pp.73–74.

2. Shepard, R N (1967) Recognition memory for words, sentences, and pictures, *Journal of*

Verbal Learning and Verbal Behavior, 6 (1), pp.156–63.

3. Bondcap (2019) Internet Trends 2019, *Bondcap*. Available from: https://www.bondcap.com/report/itr19/ (archived at https://perma.cc/C96Z-YR5E).

4. Rosenstiel, T (2016) Solving journalism's hidden problem: terrible analytics, Brookings Center for Effective Public Management, February. Available from:https://www.brookings.edu/wp-content/uploads/2016/07/Solving-journalismshidden-problem.pdf (archived at https://perma.cc/D94E-NDRT).

5. An, M (2018) Content trends: preferences emerge along generational fault lines, *Hubspot*, 14 December. Available from: https://blog.hubspot.com/news-trends/content-trends-preferences?_ga=2.79538132.1320947067.1560881037-1945944375.1538653434#video (archived at https://perma.cc/T5PV-JBPF).

6. Bunting, J (2018) Welcome to the era of B2B video, *LinkedIn Business*, 16 April. Available from: https://business.linkedin.com/en-uk/marketing-solutions/blog/posts/B2B-video/2018/welcome-to-the-era-of-b2b-video (archived at https://perma.cc/24CD-Z43T).

7. Mitsubishi Heavy Industries (2019) Electric cars are powering buildings from parking lots, *Spectra*, 12 June 2019. Available from: https://spectra.mhi.com/electric-cars-are-powering-buildings-from-parking-lots (archived at https://perma.cc/4FTN-AHAS).

8. World Economic Forum Facebook Videos (nd). Available from: https://www.facebook.com/WEFvideo/ (archived at https://perma.cc/ADC4-GMXE).

9. Capgemini (2019) 5G in industrial operations: how telcos and industrial companies stand to benefit. Available from: https://www.capgemini.com/wp-content/uploads/2019/06/5G_Infographic.pdf (archived at https://perma.cc/R9MK-Y7VV).

10. Bostock, B (2019) These 12 charts show how the world's population has exploded in the last 200 years. World Economic Forum, 15 July. Available from: https://www.weforum.org/agenda/2019/07/populations-around-worldchanged-over-the-years/ (archived at https://perma.cc/UJW2-W4FW).

11. Centrica (nd) AI is personalizing energy for customers. Available from: https://www.centrica.com/platform/ai-personalising-energy (archived at https://perma. cc/A2TF-FLKL).

12. The One Brief (nd) Edge, fog or cloud? How the Internet Of Things is shaking up how – and where – data are handled. Available from: https://theonebrief. com/edge-fog-or-cloud-how-the-internet-of-things-is-shaking-up-how-andwhere- data-is-handled/ (archived at

https://perma.cc/G2S4-USPV).

13.Ofcom (2018) Podcast listening booms in the UK, *Ofcom*, 28 September. Available from: https://www.ofcom.org.uk/about-ofcom/latest/media/mediareleases/2018/uk-podcast-listening-booms (archived at https://perma.cc/MSC8-ALCR).

14.Edison Research (2017) The Infinite Dial 2017, *Edison*, 9 March. Available from: https://www.edisonresearch.com/infinite-dial-2017/ (archived at https://perma.cc/WQD8-W38G).

15.Miller, J (2018) B2B buyers have spoken: here's what they want from your content marketing, *LinkedIn*, 18 April. Available from: https://business.linkedin.com/en-uk/marketing-solutions/blog/posts/B2B-Marketing/2018/B2B-buyers-have-spoken-heres-what-they-want-from-your-content-marketing (archived at https://perma.cc/4G6B-PW9X).

16.Red Hat (nd) Red Hat Command Line Heroes. Available from: https://www.redhat.com/en/command-line-heroes (archived at https://perma.cc/3GXED83M).

17.McHugh, A (2019) What making a podcast taught us about branded content, *Red Hat*, 6 March. Available from: https://www.redhat.com/en/blog/whatmaking-podcast-taught-us-about-branded-content (archived at https://perma.cc/62FR-F7YX).

18.The Home Depot (nd) Give me an H. Available from: https://podcasts.apple.com/us/podcast/give-me-an-h/id1321640155 (archived at https://perma.cc/4SZR-6PWR).

19.Trader Joe's (nd) Inside trader Joe's. Available from: https://podcasts.apple.com/gb/podcast/inside-trader-joes/id1375630453 (archived at https://perma.cc/3CK8-ZQSR).

20.Lead Pages (nd) Podcast: The Lead Generation. Available from: https://www.leadpages.net/blog/category/podcast-the-lead-generation/ (archived at https://perma.cc/5R3X-UJLW).

<h2 style="text-align:center">第八章</h2>

1.Hewlett Packard Enterprise (nd) enterprise.nxt. Available from: https://www.hpe.com/us/en/insights/topics.html (archived at https://perma.cc/9CW8-N3EL).

2.Ups (nd). Available from: https://www.ups.com/us/en/services/knowledgecenter/landing.page (archived at https://perma.cc/9JT5-WYG7).

3.Walmart Today (nd). Available from: https://blog.walmart.com/ (archived at https://perma.cc/A5FF-5ACS).

4.IBM Perspectives (nd) IBM. Available from: https://www.ibm.com/blogs/think/uk-en/category/perspectives/ (archived at https://perma.cc/E7LT-NJPX).

5. GE Reports (nd) GE. Available from: https://www.ge.com/reports/ (archived at https://perma.cc/7U8G-7XUW).

6. Eniday (nd). Available from: https://www.eniday.com/en/ (archived at https://perma.cc/JF62-MFUH).

7. The One Brief (nd). Available from: https://theonebrief.com/ (archived at https://perma.cc/3KNQ-XGCV).

8. Johnson, A (2018) Aon shares why its content scorecard is a must, *Content Marketing Institute*, 3 August. Available from: https://contentmarketinginstitute.com/2018/08/aon-content-scorecard/ (archived at https://perma.cc/AZA2-FPPD).

9. Lazauskas, J (2015) 'We Believe in Stories': GE Reports' Tomas Kellner reveals how he built the world's best brand mag, The Content Strategist, *Contently*, 11 February. Available from: https://contently.com/2015/02/11/we-believe-instories-ge-reports-tomas-kellner-reveals-how-he-built-the-worlds-best-brandmag/ (archived at https://perma.cc/JT82-8YUN).

10. Kellner, T (2015) GE Reports makes best branded content list, *GE*, 28 December. Available from: https://www.ge.com/reports/ge-reports-makescontentlys-best-content-marketing-of-2015-list/ (archived at https://perma.cc/AP38-GNNW).

11. D!gitalist Magazine (nd). Available from: https://www.digitalistmag.com/ (archived at https://perma.cc/735F-C66P) .

12. The One Brief (nd). Available from: https://theonebrief.com/ (archived at https://perma.cc/3KNQ-XGCV).

13. Papandrea, D (2017) How SAP Hybris' content marketing drives conversions, leads + ROI, *Newscred Insights*, 17 May. Available from: https://insights.newscred.com/sap-hybris-content-marketing/ (archived at https://perma.cc/7UUA-T36K).

14. BCG.com (nd). Available from: https://www.bcg.com/ (archived at https://perma.cc/86LT-X3WJ).

15. Duke Energy (nd) Illumination. Available from: https://illumination.dukeenergy.com/ (archived at https://perma.cc/U2MB-USR5).

16. Boraks, D (2016) Duke Energy feature site aims to build brand, *Duke Energy*, 23 February. Available from: https://www.wfae.org/post/duke-energy-featuresite-aims-build-brand#stream/0 (archived at https://perma.cc/R4CJ-TFQ8).

17. Hewlett Packard Enterprise (nd) enterprise.nxt. Available from: https://www.hpe.com/us/en/

insights/topics.html (archived at https://perma.cc/9CW8-N3EL).

18. The One Brief (nd). Available from: https://theonebrief.com/ (archived at https://perma.cc/3KNQ-XGCV).

第九章

1. Wharton (2013) 'Contagious': Jonah Berger on why things catch on, *Knowledge at Wharton*, 13 March. Available from: https://knowledge.wharton.upenn.edu/article/contagious-jonah-berger-on-why-things-catch-on/(archived at https://perma.cc/NB4L-4QEW).

2. Constant Contact (2019) Average industry rates for email as of June 2019, *Constant Contact*, 9 July. Available from: https://knowledgebase.constantcontact.com/articles/KnowledgeBase/5409-average-industryrates? lang=en_US#compare (archived at https://perma.cc/Z9C3-ZWUF).

3. Quote from interview, carried out Friday 7 June, 2019.

4. Neilpatel.com (nd) 5 Steps to building a successful organic traffic pipeline. Available from: https://neilpatel.com/blog/5-steps-to-building-a-successfulorganic-traffic-pipeline/ (archived at https://perma.cc/76PH-VPY5).

5. Demand Gen (2018) 2018 B2B Buyers Survey Report, *Demand Gen Report*, 2018. Available from: http://e61c88871f1fbaa6388dc1e3bb10b0333d7ff7aa972d61f8c669.r29.cf1.rackcdn.com/DGR_DG081_SURV_B2BBuyers_Jun_2018_Final.pdf (archived at https://perma.cc/5UKZ-KYCY).

6. garyvaynerchuck.com (2019) The Garyvee Content Strategy: how to grow and distribute your brand's social media content. Available from: https://www.garyvaynerchuk.com/the-garyvee-content-strategy-how-to-grow-and-distributeyour-brands-social-media-content/ (archived at https://perma.cc/5ML8-AFHT).

7. Weed, K (2018) The only solution to fake follower fraud is total eradication, *Marketing Week*, 18 September. Available from: https://www.marketingweek.com/2018/09/18/keith-weed-fake-follower-fraud-total-eradication/?cmpid=em~newsletter~breaking_news~n~n&utm_medium=em&utm_source=newsletter&utm_campaign=breaking_news&eid=6199809&sid=MW0001&adg=85454879-9956-450A-B43D-B0A487FD0D56 (archived at https://perma.cc/V6HV-2DLK).

8. Troyer, J M (2017) The top 50 overall VMware influencers, *Medium*, 7 March. Available

from: https://medium.com/influence-marketing-council/the-top-50-overallvmware-influencers-7fc7ec32500e (archived at https://perma.cc/GN89-XDBR).

9. Convince&Convert (nd) How to Create a Thriving B2B Advocacy Community, Convince&Convert. Available from: https://www.convinceandconvert.com/podcasts/episodes/how-to-create-a-thriving-b2badvocacy-community/ (archived at https://perma.cc/3ZH2-4TRH).

10. Adobe Blog (nd) Introducing the 2019 Adobe Summit Insiders. Available from: https://theblog.adobe.com/introducing-the-2019-adobe-summit-insiders/ (archived at https://perma.cc/N7EP-WYAX).

11. O'Shea Gorgone, K (2019) A B2B case study in influencer marketing: Adobe's Rani Mani on marketing smarts, *Marketing Profs*, 29 August. Available from: https://www.marketingprofs.com/podcasts/2019/41716/b2b-influencer-adobe-ranimani-marketing-smarts?adref=nl082919 (archived at https://perma.cc/VP85-V24E).

12. Schaefer, M W (2015) *The Content Code: Six essential strategies for igniting your content, your marketing, and your business*, Grow Publishing, p.130.

第十章

1. Edelman (2019) 2019 B2B Thought Leadership Impact Study, *Edelman*, 5 December. Available from: https://www.edelman.com/research/2019-b2bthought-leadership-impact-study (archived at https://perma.cc/7SLF-DVLJ).

2. Ramos, L (2017) Peer stories and credible data attract and engage B2B buyers use short-form interactive content to capture customers' attention, *Forrester*, 7 September. Available from: https://on24static.akamaized.net/event/16/73/65/8/rt/1/documents/resourceList1528136053847/forrestercomplimentaryreportpeerstoriesandcredibledata1528152417373.pdf (archived at https://perma.cc/6E6G-HW53).

3. Edelman (2019) 2019 B2B Thought Leadership Impact Study, *Edelman*, 5 December. Available from: https://www.edelman.com/research/2019-b2bthought-leadership-impact-study (archived at https://perma.cc/7SLF-DVLJ).

4. Barry, J M and Gironda, J T (2017) Operationalizing thought leadership for online B2B marketing, *Industrial Marketing Management*, 81, pp.1–22.

5. Fleming, S (2019) Wind farms now provide 14% of EU power – these countries are leading

the way, *World Economic Forum*, 6 March. Available from: https://www.weforum.org/agenda/2019/03/wind-farms-now-provide-14-of-eu-power-these-countries-are-leading-the-way/ (archived at https://perma.cc/K33P-B42U).

6. Sweezey, M (2015) 5 content engagement questions answered, *Slideshare*, 16 December. Available from: https://www.slideshare.net/MathewSweezey/5-content-engagement-questions-answered (archived at https://perma.cc/Q4KM-E894).

7. IBM Passion Projects (nd) Available from: https://www.ibm.com/thoughtleadership/passion-projects/ (archived at https://perma.cc/AJT8-SE3V).

8. Microsoft (nd) Microsoft Research Podcast. Available from: https://www.microsoft.com/en-us/research/blog/category/podcast/ (archived at https://perma.cc/8Y5X-4DJN).

9. Ibid.

10. Baker, D (2017) How finance brands like Goldman Sachs use content to build trust and win customers. contently, *Contently*, 20 April. Available from: https://contently.com/2017/04/20/goldman-sachs-build-trust-win-customers/ (archived at https://perma.cc/6CSR-T2PR).

11. Siegel, M (2019) Episode 124: What's keeping insurers up at night? *Goldman Sachs*, 7 May. Available from: https://www.goldmansachs.com/insights/podcasts/episodes/05-07-2019-mike-siegel.html (archived at https://perma.cc/XB66-U54T).

12. Garman, J (2019) Episode 120: How is tech reshaping the city skyline? *Goldman Sachs*, 1 April. Available from: https://www.goldmansachs.com/insights/podcasts/episodes/04-01-2019-jim-garman.html (archived at https://perma.cc/7GD9-8XRT).

13. Medium (nd). Available from: https://medium.com/ (archived at https://perma.cc/XW24-39BH).

第十一章

1. Rose, R (2019) Your 2020 mission: a unified strategy for content in your marketing, *Content Marketing Institute*, 28 January. Available from: https://contentmarketinginstitute.com/2019/01/unified-content-marketing/ (archived at https://perma.cc/N2YG-46LD).

2. Lieb, R and Szymanski, J (2017) *Content – the Atomic Particle of Marketing: The definitive guide to content marketing strategy*, Kogan Page Publishers, p.165.

3. Spectra (nd) Available from: https://spectra.mhi.com/ (archived at https://perma.cc/6HDN-7PZK).